95 Recetas de Comidas y Batidos Para Fisiculturistas Para Mejorar el Crecimiento Muscular

Menor Trabajo y Resultados Más Rápidos

Por

Joe Correa CSN

DERECHOS DE AUTOR

© 2016 Live Stronger Faster Inc.

Todos los derechos reservados

La reproducción o traducción de cualquier parte de este trabajo, más allá de lo permitido por la sección 107 o 108 del Acta de Derechos de Autor de los Estados Unidos, sin permiso del dueño de los derechos es ilegal.

Esta publicación está diseñada para proveer información precisa y autoritaria respecto al tema en cuestión. Es vendido con el entendimiento de que ni el autor ni el editor están envueltos en brindar consejo médico. Si éste fuese necesario, consultar con un doctor. Este libro es considerado una guía y no debería ser utilizado en ninguna forma perjudicial para su salud. Consulte con un médico antes de iniciar este plan nutricional para asegurarse que sea correcto para usted.

RECONOCIMIENTOS

La realización y éxito de este libro no habría sido posible sin la motivación y soporte de mi familia entera

95 Recetas de Comidas y Batidos Para Fisiculturistas Para Mejorar el Crecimiento Muscular

Menor Trabajo y Resultados Más Rápidos

Por

Joe Correa CSN

CONTENIDOS

Derechos de Autor

Reconocimientos

Acerca del Autor

Introducción

Calendario de Comidas y Batidos de Fisiculturistas

Recetas de Comidas Fisiculturistas

Recetas de Batidos Fisiculturistas

Otros grandes títulos de este autor

ACERCA DEL AUTOR

Como un nutricionista deportivo certificado, honestamente creo en los efectos positivos que la correcta nutrición puede tener en el cuerpo y mente. Mi conocimiento y experiencia me ha ayudado a vivir más sanamente a través de los años, y el cual he compartido con mis amigos y familia. Cuanto más usted sepa de comer y beber sano, más temprano querrá cambiar su vida y hábitos alimenticios.

Ser exitoso en el control de su peso es importante ya que mejorará todos los aspectos de su vida.

La nutrición es una parte clave en el proceso de ponerse en mejor forma y de eso se trata este libro.

INTRODUCCION

95 Recetas de Comidas y Batidos de Fisiculturistas Para Mejorar el Crecimiento Muscular le ayudará a incrementar la cantidad de proteínas que consume por día para ayudar a aumentar la masa muscular. Estas recetas de comidas y bebidas, junto con el calendario, le ayudarán a incrementar la masa muscular de forma acelerada y organizada, para que pueda organizar qué comer y cuándo.

Estar muy ocupado para comer bien puede a veces convertirse en un problema y es por ello que este libro le ahorrará tiempo y ayudará a nutrir su cuerpo para alcanzar las metas que quiera. Asegúrese de saber qué está comiendo preparándolo usted mismo o teniendo a alguien que lo haga por usted.

Este libro lo ayudará a:

- Ganar Masa muscular rápido.
- Tener más energía durante el entrenamiento
- Acelerar naturalmente su metabolismo para generar más músculo.
- Mejorar su Sistema digestivo.

Joseph Correa es un nutricionista deportivo certificado y un atleta profesional.

CALENDARIO DE COMIDAS Y BEBIDAS FISICULTURISTA

Semana 1

Día 1:

Desayuno Madrugador

Aperitivo: Yogurt de arándanos

Hamburguesa de atún y ensalada

Aperitivo: Tomates Cherry con Queso Cottage

Bowl de Proteínas al estilo mexicano

Día 2:

Panqueques de Limón y Arándanos

Aperitivo: Tostada con Aguacate

Kebab Picante de Filete de Ternera

Aperitivo: Manzana y Mantequilla de maní

Pescado Mediterráneo

Día 3:

Bowl Potente

Aperitivo: Yogurt con Frutas Tropicales

Pechuga de pollo rellena con arroz integral

Aperitivo: Pimiento morrón con Queso Cottage

Cena Vegana

Día 4:

Smoothie de Leche de Almendra

Aperitivo: Taza de Palomitas

Abadejo enrollado en Panceta con Papas

Aperitivo: Yogurt con fresas de Goji secas

Humus al ajo

Día 5

Yogurt Griego con Linaza y Manzana

Aperitivo: Pastel de Arroz con Mantequilla de Maní

Salmón horneado con espárragos asados

Aperitivo: Tallos de Apio con queso de cabra y aceitunas verdes

Pollo con Ensalada de Aguacate

Día 6:

Desayuno "Piza"

Aperitivo: Yogurt Griego con Fresas

Envueltos Caesar con pollo

Aperitivo: Garbanzos asados

Bacalao Caliente

Día 7:

Aros de Pimiento Morrón con Sémola Frita

Aperitivo: Mix de frutos secos

Carne de Res y Fideos de brócoli

Aperitivo: Jamón y Tallos de apio

Ensalada de Pollo y Rúcula

Semana 2

Día 1:

Magdalenas de Proteína de Suero

Aperitivo: Tostada con Aguacate

Ensalada de camarones y fideos de calabaza

Aperitivo: Manzana y Mantequilla de maní

Hamburguesa de Tofu

Día 2:

Desayuno Moca Mexicano

Aperitivo: Yogurt con Fresas de Goji Secas

Trucha con Ensalada de Papa

Aperitivo: Taza de Palomitas

Pollo con Ananá y Pimientos

Día 3:

Salmón Ahumado y Tostada con Aguacate

Aperitivo: Tomates Cherry con Queso Cottage

Pollo Especiado

Aperitivo: Yogurt de arándanos

Setas a la plancha y Hamburguesa de Calabaza

Día 4:

Smoothie de Fruta y Mantequilla de maní

Aperitivo: Garbanzos asados

Chile de Frijoles Mexicanos

Aperitivo: Yogurt Griego con Fresas

Pollo Agridulce

Día 5:

Revuelto Repleto de Proteínas

Aperitivo: Pimiento Morrón con Queso Cottage

Pastel de carne de Pavo con Cuscús de trigo Integral

Aperitivo: Yogurt con Fruta Tropical

Rodaballo con Mostaza de Dijon

Día 6:

Panqueques Proteicos de Pastel de Calabaza

Aperitivo: Jamón y Tallos de Apio

Arroz Mediterráneo

Aperitivo: Mix de Frutos Secos

Fusión de atún

Día 7:

Pimientos Rellenos de Atún

Aperitivo: Tallos de Apio con Queso Cabra y Aceitunas Verdes

Pasta con espinaca y albóndigas de Ternera

Aperitivo: Pastel de Arroz con Mantequilla de Maní

Bowl de Sushi

Semana 3

Día 1:

Avena Alta en Proteínas

Aperitivo: Taza de Palomitas

Huevos Rellenos con Pan de Pita

Aperitivo: Manzana y Mantequilla de Maní

Bandeja de pollo Horneado

Día 2:

Desayuno Madrugador

Aperitivo: Tostada con Aguacate

Fideos de Brócoli y Carne de Res

Aperitivo: Yogurt con Fresas de Goji secas

Humus al Ajo

Día 3:

Bowl Poderoso

Aperitivo: Yogurt Griego con Fresas

Envueltos Caesar con Pollo

Aperitivo: Tomates Cherry con Queso de Cabra

Pescado Mediterráneo

Día 4:

Panqueques de Limón y Arándanos

Aperitivo: Garbanzos tostados

Salmon Horneado con Espárragos Asados

Aperitivo: Yogurt de Arándanos

Ensalada de Pollo y Rúcula

Día 5:

Yogurt Griego con Linaza y Manzana

Aperitivo: Jamón y Tallos de Apio

Hamburguesa de atún y Ensalada

Aperitivo: Yogurt con Frutos Tropicales

Pollo con Ensalada de Aguacate

Día 6:

Aros de Pimientos con Sémola Frita

Aperitivo: Pimientos con Queso Cottage

Pechuga de Pollo Rellena con Arroz integral

Aperitivo: Mix de frutos secos

Bacalao Caliente

Día 7:

Smoothie de Leche de Almendras

Aperitivo: Pastel de Arroz con Mantequilla de maní

Kebabs Picantes de Filete de Ternera

Aperitivo: Tallos de Apio con Queso Cabra y Aceitunas Verdes

Bowl Proteico Estilo Mexicano

Semana 4

Día 1:

Desayuno "Piza"

Aperitivo: Yogurt Griego con Fresas

Abadejo Envuelto en Panceta con Papas

Aperitivo: Taza de Palomitas

Cena Vegana

Día 2:

Desayuno Moca Mexicano

Aperitivo: Tomates Cherry con Queso Cottage

Arroz Mediterráneo

Aperitivo: Manzana y Mantequilla de Maní

Setas a la plancha y Hamburguesa de Calabaza

Día 3:

Smoothie de Fruta Y Mantequilla de Maní

Aperitivo: Tostada con Aguacate

Ensalada de camarones y fideos de calabaza

Aperitivo: Yogurt de Arándanos

Pollo Agridulce

Día 4:

Panqueques Proteicos de Pastel de Calabaza

Aperitivo: Yogurt con Fresas de Goji secas

Pollo Especiado

Aperitivo: Garbanzos tostados

Rodaballo con Mostaza de Dijon

Día 5:

Salmón Ahumado y Tostada con Aguacate

Aperitivo: Jamón y Tallos de Apio

Pasta con Espinaca y Albóndigas de Ternera

Aperitivo: Mix de Frutos Secos

Hamburguesa de Tofu

Día 6:

Avena Alta en Proteínas

Aperitivo: Pimientos con Queso Cottage

Chile de Frijoles Mexicanos

Aperitivo: Yogurt con Frutas Tropicales

Bowl de Sushi

Día 7:

Revuelto Repleto de Proteínas

Aperitivo: Pastel de Arroz con Mantequilla de Maní

Trucha con Ensalada de Papa

Aperitivo: Yogurt Griego con Fresas

Bandeja de Pollo Horneado

2 días extras para un mes entero:

Día 1:

Magdalenas de Proteína de Suero

Aperitivo: Tallos de Apio con Queso Cabra y Aceitunas Verdes

Pastel de carne de Pavo con Cuscús de trigo Integral

Aperitivo: Manzana y Mantequilla de Maní

Fusión de Atún

Día 2:

Pimientos Rellenos de Atún

Aperitivo: Yogurt de Arándanos

Huevos Rellenos con Pan Pita

Aperitivo: Mix de Frutos Secos

Pollo con Ananá y Pimientos

RECETAS DE COMIDAS PARA FISICULTURISMO

Desayuno

1. Desayuno Madrugador

Ajuste su cuerpo fuera de un estado catabólico y dentro de uno de desarrollo muscular con este desayuno alto en proteínas y carbohidratos cocido al horno. El pomelo y los espárragos le asegurarán más de la mitad de la Vitamina C necesaria por día.

Ingredientes (1 porción):

6 claras de huevo

½ taza mix de Quínoa cocida y Arroz integral

3 espárragos, rebanados

½ pomelo rosado

1 pimiento morrón pequeño, rebanado

1 cuchara polvo de proteína de suero sin sabor

1 diente de ajo aplastado

Spray de aceite de oliva

Pimienta, sal

Tiempo de Preparación: 10 min

Tiempo de Cocción: 15-20 min

Preparación:

Precalentar el horno a 200°. Rociar con aceite de oliva una sartén de hierro.

En un bowl mediano, batir las claras de huevo con un poco de sal y pimienta hasta que quede espumoso.

Agregar el arroz integral cocido y la quínoa a la sartén; verter las claras de huevo y luego las piezas de espárragos y las rebanadas de pimiento morrón.

Cocinar en el horno por 15-20 minutos o hasta que los huevos estén cocidos.

Valor nutricional por porción: 407kcal, 52g proteína, 40g carbohidratos (5g fibra, 8g azúcar), 2g grasas, 15% calcio, 12% hierro, 19% magnesio, 26% Vitamina A, 63% Vitamina

C, 48% Vitamina K, 12% Vitamina B1, 69% Vitamina B2, 26% Vitamina B9.

2. Tasa Potente

Un desayuno con un nombre apropiado, el bowl potente combina grandes cantidades de proteína en las claras de huevo con el estímulo enérgico de la avena. Las nueces agregan grasas saludables y la miel completa con un poco de dulzor.

Ingredientes (1 porción):

6 claras de huevo

½ taza de avena instantánea cocida

1/8 taza de nueces

¼ taza bayas

1 cucharadita de miel cruda

Canela

Tiempo de Preparación: 10 min

Tiempo de Cocción: 5 min

Preparación:

Batir las claras de huevo hasta que estén espumosas y luego cocinarlas en una sartén a baja temperatura.

Combinar la avena y las claras de huevo en un bowl; agregar la canela y la miel, y mezclar.

Rematar con bayas, banana y nueces.

Valor nutricional por porción: 344kcal, 30g proteína, 33g carbohidratos (3g fibra, 23g azúcar), 11g grasas (2 saturadas), 10% hierro, 15% magnesio, 10% Vitamina B1, 11% Vitamina B2, 15% Vitamina B5.

3. Pimientos Rellenos de Atún

Esta es una receta rápida y nutritiva que provee una gran Cantidad de B12. Alto en proteínas, el atún es una opción de desayuno excelente para el desarrollo muscular. Si quiere agregar algunos carbohidratos, una gran elección es una pieza de tostada de trigo.

Ingredientes (2 porciones):

2 latas de atún en agua (185g)

3 huevos duros

1 cebolla

5 encurtidos en cubos

Sal, Pimienta

4 Pimientos, cortados al medio, sin semillas

Tiempo de Preparación: 5 min

Tiempo de Cocción: 10 min

Preparación:

Combinar el atún, huevos, cebolla, encurtidos y el aderezo en una procesadora y mezclar hasta que quede homogéneo.

Rellenar las mitades de los Pimientos con la mezcla y servir.

Valor nutricional por porción: 480kcal, 46g proteína, 16g grasas (4g saturadas), 8g carbohidratos (2g fibra, 4g azúcar), 28% magnesio, 94% Vitamina A, 400% Vitamina C, 12% Vitamina E, 67% Vitamina K, 18% Vitamina B1, 32% Vitamina B2, 90% Vitamina B3, 20% Vitamina B5, 56% Vitamina B6, 18% Vitamina B9, 284% Vitamina B12.

4. Yogurt Griego con Linaza y Manzana

Diversifíquese del desayuno tradicional de claras de huevo y pruebe un poco de Yogurt griego alto en proteína sazonado con manzana. Use linaza para maximizar su ingesta de fibra y déjela en remojo por la noche para ablandarla y facilitar la digestión.

Ingredientes (1 porción):

1 taza yogurt griego

1 manzana finamente rebanada

2 cucharadas linaza

¼ cucharadita canela

1 cucharadita de Stevia

Una pizca de sal

Tiempo de Preparación: 5 min

Tiempo de Cocción: 45 min

Preparación:

Precalentar el horno a 190°C. Poner las rebanadas de manzana en una sartén antiadherente, rociarlas con canela, Stevia y un poco de sal, cubrirlas y cocinar por 45 minutos. Removerlas del horno y dejar enfriar por 30 minutos.

Poner el yogurt griego en un bowl y luego poner las manzanas y la linaza por encima, y servir.

Valor nutricional por porción: 422kcal, 22g proteína, 39g carbohidratos (7g fibra, 22 g azúcar), 21g grasas (8 g saturadas), 14% calcio, 22% magnesio, 14% Vitamina C, 24% Vitamina B1, 13% Vitamina B12.

5. Anillos de Pimientos con Sémola Frita

Una comida sabrosa y vistosa, los anillos de pimiento con sémola frita estimulan sus músculos y le dan la suficiente energía para potenciarlo durante el día. Lleno de color y nutrientes, este desayuno es alto en Vitamina B1.

Ingredientes (1 porción):

6 claras de huevo

2 huevos

¼ taza de arroz integral

1 taza de espinaca cruda

½ Pimiento verde

1 taza de tomates cherry

Spray de aceite de oliva

Sal, Pimienta

Tiempo de Preparación: 10 min

Tiempo de Cocción: 15 min

Preparación:

Batir las claras de huevo con un poco de sal y pimienta hasta que quede espumosa. Calentar un poco de aceite en una freidora antiadherente y cocinar las claras y el arroz integral. Agregar la espinaca, mezclar y cocinar hasta que se haya marchitado.

Rociar una sartén con aceite de oliva y poner a fuego medio. Cortar los pimientos horizontalmente para crear 2 anillos, ponerlos en la sartén y partir los huevos dentro de los pimientos. Dejarlos cocinar hasta que el huevo se vuelva blanco.

Poner la mezcla de huevo, arroz y anillos de pimiento en un plato y servir con tomates cherry.

Valor nutricional por porción: 495kcal, 45g proteína, 45g carbohidratos (3g fibra, 7g azúcar), 11g grasas (3g saturadas), 9% calcio, 14% hierro, 20% magnesio, 35% Vitamina A, 32% Vitamina C, 91% Vitamina B2, 22% Vitamina B5, 12% Vitamina B6, 15% Vitamina B12.

6. Smoothie de Leche de Almendra

Solo necesitará de 10 minutos para realizar este Smoothie rico en Vitamina D y B1. Puede hacer mucho y dejarlo en el refrigerador, haciendo de este Smoothie una perfecta opción para un desayuno rápido.

Ingredientes (2 porciones):

1 taza de leche de almendra

1 taza de mix de bayas congeladas

1 taza de espinaca

1 cuchara polvo proteico sabor banana

1 cucharada de semillas de chía

Tiempo de Preparación: 10 min

Sin cocción

Preparación:

Mezclar todos los ingredientes en una licuadora hasta obtener una mezcla homogénea. Verter en 2 vasos y servir.

Valor nutricional por porción: 295kcal, 26g proteína, 32g carbohidratos (4g fibra, 13g azúcar), 9g grasas, 40% calcio, 20% hierro, 12% magnesio, 50% Vitamina A, 40% Vitamina C, 25% Vitamina D, 57% Vitamina E, 213% Vitamina B1, 18% Vitamina B9.

7. Panqueques Proteicos de Pastel de Calabaza

Olvídese de la harina y pruebe panqueques de avena con una deliciosa adhesión de calabaza. Bañe con un poco de jarabe sin calorías y disfrute un desayuno alto en proteínas que sabe tan bien como una comida tramposa.

Ingredientes (1 porción):

1/3 taza de avena

¼ taza de calabaza

½ taza claras de huevo

1 cuchara polvo proteico de canela

½ cucharadita canela

Spray de aceite de oliva

Tiempo de Preparación: 5 min

Tiempo de Cocción: 5 min

Preparación:

Mezclar todos los ingredientes juntos en un bowl. Rociar una sartén mediana con aceite de oliva y poner a fuego medio.

Verter la mezcla, y una vez que vea burbujas pequeñas aparecer sobre el panqueque, dar vuelta. Cuando ambas caras estén doradas, retirar y servir

Valor nutricional por porción: 335kcal, 39g proteína, 37g carbohidratos (6g fibra, 1 g azúcar), 6g grasas, 14% calcio, 15% hierro, 26% magnesio, 60% Vitamina A, 26% Vitamina B1, 37% Vitamina B2, 10% Vitamina B5, 31% Vitamina B6.

8. Harina de Avena alta en Proteína

Enlácese en una abundante ración de carbohidratos que lo mantendrá saciado por horas, mientras el polvo proteico y las almendras le darán un comienzo de día lleno de proteína. Si prefiere su avena con un sabor frutal, use polvo sabor banana.

Ingredientes (1 porción):

2 paquetes de avena instantánea (paquetes de 28g)

¼ taza de almendras molidas

1 cucharada polvo de suero proteico sabor vainilla

1 cucharada canela

Tiempo de Preparación: 5 min

Tiempo de Cocción: 5 min

Preparación:

Verter la avena en un bowl, mezclar con el polvo proteico y la canela. Agregar agua caliente y mezclar. Completar con almendras molidas y servir.

Valor nutricional por porción: 436kcal, 33g proteína, 45g carbohidratos (10g fibra, 4g azúcar), 15g grasas (1g saturadas), 17% calcio, 19% hierro, 37% magnesio, 44% Vitamina E, 21% Vitamina B1, 21% Vitamina B2.

9. Revuelto Repleto de Proteína

Alimente sus músculos y empújese a través de un entrenamiento avanzado con esta comida de 51g de proteína. Estas claras de huevo revueltas con vegetales y salchicha de pavo tienen el valor agregado de estar repletas de carbohidratos y altos niveles generales de Vitaminas.

Ingredientes (1 porción):

8 claras de huevo

2 salchichas de pavo

1 cebolla grande, cortada

1 taza de pimientos rojos

2 tomates en cubos

2 tazas de espinaca cortada

1 cucharadita aceite de oliva

Sal and Pimienta

Tiempo de Preparación: 10 min

Tiempo de Cocción: 10-15 min

Preparación:

Batir las claras de huevo con un poco de sal y pimienta hasta que estén espumosas, y luego dejar a un lado.

Calentar el aceite en una olla grande antiadherente, agregar las cebollas y pimientos y cocinar hasta que se ablanden. Sazonar con sal y pimienta. Agregar las salchichas de pavo y cocinar hasta que estén doradas, y luego bajar el fuego, agregar las claras y revolver.

Cuando los huevos estén casi listos, agregar el tomate y la espinaca, y cocinar por 2 minutos. Servir.

Valor nutricional por porción: 475kcal, 51g proteína, 37g carbohidratos (10g fibra, 18g azúcar), 10g grasas (2g saturadas), 14% calcio, 23% hierro, 37% magnesio, 255% Vitamina A, 516% Vitamina C, 25% Vitamina E, 397% Vitamina K, 22% Vitamina B1, 112% Vitamina B2, 29% Vitamina B3, 19% Vitamina B5, 51% Vitamina B6, 65% Vitamina B9.

10. Smoothie de Frutas y Mantequilla de Maní

¿Qué mejor para llenar su día de calcio que con un Smoothie de frutilla? Alto en minerales, Vitaminas, proteínas y carbohidratos, este Smoothie es una forma perfecta para empezar su día de un empujón.

Ingredientes (1 porción):

15 frutillas medianas

1 1/3 cucharadas de mantequilla de maní

85g tofu

½ taza yogurt sin grasas

¾ taza leche descremada

1 cuchara polvo de proteína

8 cubos de hielo

Tiempo de Preparación: 5min

Sin cocteón

Preparación:

Verter la leche en la licuadora, luego el yogurt y el resto de los ingredientes. Mezclar hasta que sea espumosa y homogénea. Servir en un vaso.

Valor nutricional por porción: 472kcal, 45g proteína, 40g carbohidratos (6g fibra, 31g azúcar), 13g grasas (4g saturadas), 110% calcio, 35% hierro, 27% magnesio, 30% Vitamina A, 190% Vitamina C, 11% Vitamina E, 13% Vitamina B1, 24% Vitamina B2, 10% Vitamina B5, 18% Vitamina B6, 17% Vitamina B9, 12% Vitamina B12.

11. Magdalenas de Proteína de Suero

Con una dosis saludable de avena y un poco de polvo de proteína de chocolate, estas magdalenas son un gran desayuno alternativo a la avena tradicional. Junto a un vaso de leche, esta comida se asegura de que tenga una buena cantidad de calcio y Vitamina D para complementar a la porción de proteínas y carbohidratos.

Ingredientes (4 magdalenas-2 porciones):

1 taza de copos de avena

1 huevo grande

5 claras de huevo

½ cuchara polvo de proteína de chocolate

Spray de aceite de oliva

2 tazas de leche descremada

Tiempo de Preparación: 2 min

Tiempo de Cocción: 15 min

Preparación:

Precalentar el horno a 190°.

Mezclar todos los ingredientes por 30 segundos. Rociar el molde de magdalenas con aceite de oliva y rellenar cuatro. Poner en el horno por 15 minutos.

Remover del horno, dejarlos enfriar y servir con el vaso de leche.

Valor nutricional por porción (incluye leche): 330kcal, 28g proteína, 37g carbohidratos (9g fibra, 13g azúcar), 6g grasas (5g saturadas), 37% calcio, 22% hierro, 19% magnesio, 12% Vitamina A, 34% Vitamina D, 44% Vitamina B1, 66% Vitamina B2, 25% Vitamina B5, 11% Vitamina B6, 24% Vitamina B12.

12. Salmón Ahumado y Tostada con Aguacate

¿Quiere un entrenamiento duro y corto de tiempo? Solo lleva 5 minutos hacer este sabroso desayuno. El salmón y el aguacate están llenos de ácidos saludables, y esta comida tiene suficiente proteína y carbohidratos para mantenerlo motivado.

Ingredientes (2 porciones):

300g salmón ahumado

2 aguacates pelados

Jugo de ½ limón

1 puñado de hojas de estragón cortadas

2 rebanadas de pan integral tostadas

Tiempo de Preparación: 5 min

Sin cocción

Preparación:

Cortar los aguacates en trozos y echarles jugo de limón. Retorcer y doblar las piezas de salmón ahumado, ponerlas en platos y luego esparcir el aguacate y el estragón. Servir con las tostadas de pan integral.

Valor nutricional por porción: 550kcal, 34g proteína, 37g carbohidratos (12g fibra, 4g azúcar), 30g grasas (5g saturadas), 17% hierro, 24% magnesio, 25% Vitamina C, 27% Vitamina E, 42% Vitamina K, 16% Vitamina B1, 24% Vitamina B2, 55% Vitamina B3, 35% Vitamina B5, 40% Vitamina B6, 35% Vitamina B9, 81% Vitamina B12.

13. Desayuno "Piza"

Olvídese de la porción de pisa alta en calorías y no nutritiva, y reemplácela con este substituto delicioso. Sabrosa y llenadora, solo lleva 20 minutos de hacer y no solo está llena de proteína, sino también de minerales y Vitaminas.

Ingredientes (1 porción):

1 masa de trigo integral pequeño

3 claras de huevo

1 huevo

¼ taza queso mozzarella bajo en grasas

1 cebolla de verdeo

¼ taza hongos

¼ taza Pimientos

2 rebanadas de panceta

1 cucharadita de aceite de oliva

Sal and Pimienta

Tiempo de Preparación: 10 min

Tiempo de Cocción: 10 min

Preparación:

Batir las claras de huevo con un poco de sal y pimienta, y agregar los vegetales cortados en cubos.

Doblar los lados de la masa de trigo para crear un bowl. Pincelar ambos lados con aceite de oliva y poner en la parrilla. Cocinar hasta que estén doradas y luego dar vuelta.

Verter la mezcla de huevo en la masa y cocinar hasta que estén casi hechos los huevos, agregar la panceta, cebolla de verdeo y queso. Cocinar hasta que el queso se derrita y servir.

Valor nutricional por porción: 350kcal, 33g proteína, 12g carbohidratos (3g fibra, 4g azúcar), 15g grasas (6 saturadas), 32% calcio, 19% hierro, 15% magnesio, 36% Vitamina A, 88% Vitamina C, 72% Vitamina K, 21% Vitamina B1, 71% Vitamina B2, 22% Vitamina B3, 14% Vitamina B5, 21% Vitamina B6, 25% Vitamina B9, 29% Vitamina B12.

14. Desayuno Moca Mexicano

Complemente su taza favorita de avena con una porción saludable de leche de almendra, y disfrute un desayuno alto en fibra y de rápida cocción. La pimienta de cayena es perfecta para agregar un poco de empuje a su comida

Ingredientes (1 porción):

½ taza de avena

1 cuchara polvo proteico de chocolate

½ cucharada canela

½ cucharadita de pimienta de cayena

1 taza de leche de almendra sin azúcar

1 cucharada de polvo de cacao sin azúcar

Tiempo de Preparación: 5 min

Tiempo de Cocción: 3 min

Preparación:

Mezclar todos los ingredientes en un bowl apto para microondas. Calentar por 2-3 minutos y servir.

Valor nutricional por porción: 304kcal, 27g proteína, 38g carbohidratos (8g fibra, 3g azúcar), 7g grasas, 32% calcio, 15% hierro, 25% magnesio, 10% Vitamina A, 25% Vitamina D, 51% Vitamina E, 12% Vitamina B1.

15. Panqueques de limón y arándanos

Un tibio y llenador desayuno, este panqueque de arándanos enriquecido por el sabor del limón es una forma simple y sabrosa de obtener esa comida potente que necesita para empezar el día. Agregue una cucharada de yogurt griego sobre su panqueque si le gusta.

Ingredientes (1 porción):

1/3 taza de salvado de avena

5 claras de huevo

½ taza arándanos

1 cuchara polvo de proteína de suero sin sabor

½ cucharadita bicarbonato de sodio

1 cucharadita de ralladura de limón

1 cucharada jugo de limón

Spray de aceite de oliva

Tiempo de Preparación: 5 min

Tiempo de Cocción: 5 min

Preparación:

Combinar todos los ingredientes en un bowl grande, mezclar y batir hasta que esté homogéneo. Cocinar en una sartén previamente rociada con aceite de oliva a temperatura media-alta, hasta que surjan burbujas. Dar vuelta y cocer hasta que quede dorado. Remover el panqueque y servir.

Valor nutricional por porción: 340kcal, 47g proteína, 37g carbohidratos (6g fibra, 14g azúcar), 5g grasas, 10% hierro, 25% magnesio, 12% Vitamina C, 19% Vitamina K, 26% Vitamina B1, 58% Vitamina B2.

ALMUERZO

16. Arroz mediterráneo

Transforme la cansada lata de atún en un plato delicioso que es un perfecto comienzo para una tarde de ejercicio. La alta cantidad de carbohidratos impulsará un entrenamiento a fondo, y la proteína le asegurará una recuperación muscular por el esfuerzo.

Ingredientes (1 porción):

1 lata de atún en aceite

100g arroz integral

¼ aguacate, cortado

¼ cebolla colorada, en rodajas

Jugo de ½ limón

Sal and Pimienta

Tiempo de Preparación: 5 min

Tiempo de Cocción: 20 min

Preparación:

Hervir el arroz integral por 20 minutos y luego poner en un bowl con la cebolla, atún y aguacate. Agregar el jugo de limón y mezclar los ingredientes. Sazonar con sal y pimienta al gusto.

Valor nutricional por porción: 590kcal, 32g proteína, 80g carbohidratos (7g fibra, 1g azúcar), 14g grasas (5g saturadas), 22% hierro, 52% magnesio, 101% Vitamina D, 18% Vitamina E, 107% Vitamina K, 32% Vitamina B1, 134% Vitamina B3, 26% Vitamina B5, 39% Vitamina B6, 15% Vitamina B9, 63% Vitamina B12.

17. Pollo especiado

El pollo es perfecto para una comida alta en proteínas para el desarrollo muscular. Alta en nutrientes en todos los ámbitos, esta comida simple y sabrosa puede ser preparada con una porción a elección de carbohidratos.

Ingredientes (2 porciones):

3 pechugas de pollo deshuesadas, cortadas a la mitad

175g yogurt bajo en grasas

5cm de pepino, cortado

2 cucharadas de pasta de curry Thai

2 cucharadas de cilantro

2 tazas de espinaca cruda

Tiempo de Preparación: 5 min

Tiempo de Cocción: 35-40 min

Preparación:

Precalentar el horno a 190°. Poner el pollo en una capa. Mezclar 1/3 del yogurt, la pasta de curry y 2/3 del cilantro, agregar sal y verter sobre el pollo, asegurándose que la carne esté cubierta por completo. Dejar por 30 minutos.

Poner el pollo sobre una rejilla en una fuente de horno por 35-40 minutos, hasta que esté dorado.

Calentar agua en una cacerola y marchitar la espinaca.

Mezclar el resto del yogurt y cilantro, agregar el pepino y revolver. Verter la mezcla sobre el pollo y servir con la espinaca.

Valor nutricional por porción: 275kcal, 43g proteína, 8g carbohidratos (1g fibra, 8g azúcar), 3g grasas (1g saturadas), 20% calcio, 15% hierro, 25% magnesio, 56% Vitamina A, 18% Vitamina C, 181% Vitamina K, 16% Vitamina B1, 26% Vitamina B2, 133% Vitamina B3, 25% Vitamina B5, 67% Vitamina B6, 19% Vitamina B9, 22% Vitamina B12.

18. Huevos rellenos con pan de pita

Consiga su dosis de ácidos grasos omega 3 con este rico plato de salmón. Alto en Vitaminas y minerales, esta comida llenadora es una gran forma de llenarse de energía y alimentación a través del día.

Ingredientes (2 porciones):

1 salmón enlatado en agua (450g)

2 huevos

1 cebolla de verdeo finamente cortada

2 hojas grandes de lechuga

10 tomates cherry

1 cucharada de yogurt griego

1 pan de pita, cortado por la mitad

Sal marina y Pimienta

Tiempo de Preparación: 10 min

Tiempo de Cocción: 10 min

Preparación:

Hervir los huevos, pelarlos y cortarlos a la mitad, removiendo las yemas y poniéndolas en un bowl.

Agregar al bowl el salmón enlatado, 1 cucharada de yogurt, la cebolla de verdeo y los aderezos. Mezclar los ingredientes y rellenar los huevos. Servir con pan de pita con lechuga y tomates cherry.

Valor nutricional por porción: 455kcal, 45g proteína, 24g carbohidratos (3g fibra, 2g azúcar), 36g grasas (10g saturadas), 59% calcio, 22% hierro, 21% magnesio, 30% Vitamina A, 24% Vitamina C, 43% Vitamina K, 11% Vitamina B1, 36% Vitamina B2, 60% Vitamina B3, 20% Vitamina B5, 41% Vitamina B6, 20% Vitamina B9, 20% Vitamina B12.

19. Envueltos Caesar con Pollo

Estos envueltos de pollo hacen una comida portátil genial, que se asegurará de que tenga los niveles de proteína altos a lo largo del día. Agregue un poco de espinaca y transfórmela en una comida verde agradable.

Ingredientes (1 porción):

85g pechuga de pollo cocida

2 tortillas integrales

1 taza lechuga

50g yogurt descremado

1 cucharadita pasta de anchoa

1 cucharadita polvo de mostaza

1 diente de ajo cocido

½ pepino mediano, cortado

Tiempo de Preparación: 5 min

Sin cocción

Preparación:

Combinar la pasta de anchoa, ajo, yogurt, lechuga y pepino. Dividir la mezcla en 2, agregar a las tortillas y luego poner la mitad de cada pechuga en cada tortilla. Envolver y servir.

Valor nutricional por porción (2 tortillas): 460kcal, 41g proteína, 57g carbohidratos (7g fibra, 9g azúcar), 10g grasas (2g saturadas), 11% calcio, 22% Vitamina K, 13% Vitamina B2, 59% Vitamina B3, 12% Vitamina B5, 29% Vitamina B6, 10% Vitamina B12.

20. Salmon horneado con espárragos asados

Un plato clásico, hecho más interesante con un escabeche de jugo de limón y mostaza, este salmón va bien con los espárragos al ajo. Disfruta de una gran combinación de proteínas y Vitaminas.

Ingredientes (1 porción):

140g salmón silvestre

1 ½ taza espárragos

Escabeche:

1 cucharada ajo picado

1 cucharada mostaza Dijon

Jugo de ½ limón

1 cucharadita de aceite de oliva

Tiempo de Preparación: 5 min

Tiempo de Cocción: 15 min

Preparación:

Precalentar el horno a 200°.

En un bowl, mezclar el jugo de limón, la mitad del ajo, aceite de oliva y la mostaza. Verter el escabeche sobre el salmón y asegúrese que lo cubra completamente. Poner el salmón en la nevera por una hora.

Cortar los tallos de los espárragos. Poner una sartén antiadherente a media/alta temperatura, echar los espárragos con el ajo remanente por 5 minutos, moviendo para que se cocine todo.

Poner el salmón en papel de cocina y cocinar por 10 minutos. Luego servir con los espárragos asados.

Valor nutricional: 350kcal, 43g proteína, 7g carbohidratos (5g fibra, 1 g azúcar), 16g grasas (1 saturadas), 17% hierro, 20% magnesio, 48% Vitamina A, 119% Vitamina C, 17% Vitamina E, 288% Vitamina K, 39% Vitamina B1, 60% Vitamina B2, 90% Vitamina B3, 33% Vitamina B5, 74% Vitamina B6, 109% Vitamina B9, 75% Vitamina B12.

21. Pasta de Espinaca y Albóndigas de Res

Una pasta alta en proteína que maximiza la combinación de la carne y la espinaca. No solo está repleta de Vitamina, sino que también contiene una abundante cantidad de magnesio, que ayuda a regular la contracción muscular.

Ingredientes (2 porciones):

Para las albóndigas:

170g carne molida sin grasa

½ taza espinaca

1 cucharada ajo picado

¼ taza cebolla roja en rodajas

1 cucharadita de comino

Sal marina and Pimienta

Para la pasta:

100g pasta de espinaca

10 tomates cherry

2 tazas espinaca

¼ taza salsa marinara

2 cucharadas queso parmesano back en grasas

Tiempo de Preparación: 15 min

Tiempo de Cocción: 30 min

Preparación:

Precalentar el horno a 200°.

Mezclar la carne picada, espinaca, ajo, cebolla roja y sal y pimienta al gusto. Mezclar bien con las manos hasta que la espinaca esté completamente mezclada con la carne.

Formar 2 o 3 albóndigas, y ponerlas en papel de cocina en el horno por 10-12 minutos.

Cocinar la pasta de acuerdo a las instrucciones del paquete. Colar la pasta y agregarle los tomates, espinaca y queso. Agregar las albóndigas y servir.

Valor nutricional por porción: 470kcal, 33g proteína, 50g carbohidratos (6g fibra, 5g azúcar), 12g grasas (5g saturadas), 17% calcio, 28% hierro, 74% magnesio, 104% Vitamina A, 38% Vitamina C, 11% Vitamina E, 361% Vitamina K, 16% Vitamina B1, 20% Vitamina B2, 45% Vitamina B3, 11% Vitamina B5, 45% Vitamina B6, 35% Vitamina B9, 37% Vitamina B12.

22. Pechuga de pollo rellena con arroz integral

El arroz integral es una excelente forma de introducir carbohidratos de calidad a su dieta. En pareja con el pollo alto en proteína y vegetales, obtendrá un delicioso almuerzo.

Ingredientes (1 porción):

170g pechuga de pollo

½ taza espinaca cruda

50g arroz integral

1 cebolla de verdeo

1 tomate cortado

1 cucharada de queso feta

Tiempo de Preparación: 10 min

Tiempo de Cocción: 30 min

Preparación:

Precalentar el horno a 190°.

Cortar la pechuga de pollo por la mitad para que se vea como una mariposa. Sazone el pollo con sal y pimienta, y luego abrirlo y poner capas de espinaca, queso feta y rodajas de tomate en un lado. Doble la pechuga y use un escarbadientes para mantenerla cerrada. Cocinar por 20 minutos.

Hervir el arroz integral y a continuación agregar el ajo y la cebolla cortada. Llene un plato con el arroz integral, coloque el pollo encima y sirva.

Valor nutricional por porción: 469kcal, 48g proteína, 46g carbohidratos (5g fibra, 6g azúcar), 8g grasas (5g saturadas), 22% calcio, 18% hierro, 38% magnesio, 55% Vitamina A, 43% Vitamina C, 169% Vitamina K, 28% Vitamina B1, 28% Vitamina B2, 103% Vitamina B3, 28% Vitamina B5, 70% Vitamina B6, 23% Vitamina B9, 17% Vitamina B12.

23. Ensalada con camarones y Pasta de calabacín

Una comida de pasta tramposa con una porción de calabacín rallado y camarones al vapor aromatizado con todas las clases de sésamo. Esta combinación de ingredientes hace a un almuerzo liviano con un alto contenido proteico.

Ingredientes (1 porción):

170g camarón al vapor

1 calabacín grande, cortado

¼ taza cebolla roja, en rodajas

1 taza pimientos, en rodajas

1 cucharada mantequilla asada Tahini

1 cucharadita aceite de sésamo

1 cucharadita semillas de sésamo

Tiempo de Preparación: 10 min

Sin cocción

Preparación:

Cortar el calabacín usando una trituradora para hacer una linguini.

En un bowl, mezclar el Tahini y el aceite de sésamo.

Poner todos los ingredientes en un bowl grande, verter la salsa Tahini y mezclar para asegurarse que todo esté cubierto. Espolvorear con semillas de sésamo y servir.

Valor nutricional por porción: 420kcal, 45g proteína, 26g carbohidratos (10g fibra, 12g azúcar), 18g grasas (2g saturadas), 19% calcio, 47% hierro, 48% magnesio, 33% Vitamina A, 303% Vitamina C, 17% Vitamina E, 31% Vitamina K, 38% Vitamina B1, 36% Vitamina B2, 38% Vitamina B3, 13% Vitamina B5, 66% Vitamina B6, 35% Vitamina B9, 42% Vitamina B12.

24. Pastel de carne con Cuscús de trigo integral

Cocinado en un molde para magdalenas, este pastel de carne de pavo se asegura de que se minimice el consumo de grasas saturadas. Cámbielo un poco agregando pimientos u hongos en lugar de cebolla a las albóndigas, y sazonando con una pizca de ajo molido.

Ingredientes (1 porción):

140g pavo molido, sin grasa

¾ taza cebollas rojas en cubos

1 taza espinaca cruda

1/3 taza salsa marinara baja en sodio

½ taza cuscús de trigo integral, hervido

Elección de condimentos: Perejil, albahaca, cilantro

Pimienta, sal

Spray de aceite de oliva

Tiempo de Preparación: 5 min

Tiempo de Cocción: 20 min

Preparación:

Precalentar el horno a 200°.

Sazone el pavo con su elección de condimentos y agregue la cebolla en cubos.

Rociar la fuente de magdalenas con aceite de oliva, colocar el pavo molido dentro de los soportes para magdalenas. Cubra cada albóndiga con 1 cucharada de salsa marinara, luego coloque en el horno y cocine durante 8-10 minutos.

Servir con el cuscús.

Valor nutricional por porción: 460kcal, 34g proteína, 53g carbohidratos (4g fibra, 7g azúcar), 12g grasas (4g saturadas), 12% calcio, 15% hierro, 10% magnesio, 16% Vitamina A, 15% Vitamina C, 11% Vitamina E, 16% Vitamina K, 11% Vitamina B1, 25% Vitamina B3, 16% Vitamina B6, 11% Vitamina B9.

25. Hamburguesa de atún y ensalada

La hamburguesa de atún es rica en proteína y carbohidratos, por lo que esta comida es una excelente opción para un día de entrenamiento. Hágala diferente cada vez y manténgala interesante mediante el cambio entre las verduras y condimentos.

Ingredientes (1 porción):

1 late de atún en trozos (165g)

1 clara de huevo

½ taza setas picadas

2 tazas lechuga rallada

¼ taza avena seca

1 cucharadita aceite de oliva

1 cucharadas aderezo para ensaladas bajo en grasas (de preferencia)

Pequeño manojo de orégano picado

1 rollo de trigo integral cortado a la mitad

Tiempo de Preparación: 10 min

Tiempo de Cocción: 10 min

Preparación:

Mezclar la clara de huevo, atún, avena seca, orégano y formar una hamburguesa.

Calentar el aceite en una sartén antiadherente a fuego medio, colocar la hamburguesa y darla vuelta para asegurarse de que se cocine en ambos lados.

Cortar el rollo de trigo por la mitad y colocar la hamburguesa entre las dos piezas.

Mezclar las verduras en un bol, añadir el aderezo y servir junto a la hamburguesa.

Valor nutricional por porción: 560kcal, 52g proteína, 76g carbohidratos (13g fibra, 7g azúcar), 10g grasas (1g saturadas), 11% calcio, 35% hierro, 38% magnesio, 16% Vitamina A, 16% Vitamina K, 35% Vitamina B1, 33% Vitamina B2, 24% VitaminaB3, 28% Vitamina B5, 41% Vitamina B6, 21% Vitamina B9, 82% Vitamina B12.

26. Kebabs picantes de carne de res

Este kebab picante se sirve con una guarnición de papas al horno, por lo que no solo es una comida para el desarrollo de músculo, sino también una gran manera de introducir Vitamina A su dieta. Agregue una cucharada de yogurt bajo en grasas a su papa para hacerla más refrescante.

Ingredientes (1 porción):

140g bife de ternera magro

200g batata

1 Pimiento picado

½ calabacín mediano picado

Ajo picado

Pimienta, sal

Tiempo de Preparación: 15 min

Tiempo de Cocción: 55 min

Preparación:

Precalentar el horno a 200°. Envolver la batata en papel de aluminio y poner en el horno por 45 minutos.

Cortar la carne mechada en trozos pequeños, sazonar con sal, pimienta y ajo. Montar el kebab alternando entre la carne de res, el calabacín y el pimiento.

Colocar el kebab en una bandeja de horno y cocinar por 10 minutos. Servir con la batata.

Valor nutricional por porción: 375kcal, 38g proteína, 49g carbohidratos (9g fibra, 12g azúcar), 4g grasas (1g saturadas), 24% hierro, 27% magnesio, 581% Vitamina A, 195% Vitamina C, 21% Vitamina K, 22% Vitamina B1, 28% Vitamina B2, 61% Vitamina B3, 28% Vitamina B5, 92% Vitamina B6, 20% Vitamina B9, 30% Vitamina B12.

27. Trucha con ensalada de papas

¿Quiere asegurarse de que no le falte Vitamina B12? Pruebe esta porción sustanciosa de trucha, combinada con una fresca ensalada de papas repleta de Vitaminas y nutrientes.

Ingredientes (2 porciones):

2*140g filetes de trucha

250g papas cortadas a la mitad

4 cucharaditas yogurt

4 cucharaditas mayonesa baja en grasas

1 cucharada alcaparras enjuagadas

4 pepinillos pequeños en rodajas

2 cebollas de verdeo, rebanadas finamente

¼ pepino en cubos

1 limón y la ralladura de 1/2

Tiempo de Preparación: 10 min

Tiempo de Cocción: 20 min

Preparación:

Hervir las papas en agua salada durante 15 minutos hasta que estén apenas tiernas. Escurrir y enjuagar con agua fría. Precalentar la parrilla.

Mezclar la mayonesa y el yogurt, y sazonar con jugo de limón. Revolver la mezcla con las papas, alcaparras, la mayor parte de la cebolla, pepino y pepinillos. Dispersar el resto de la cebolla sobre la ensalada.

Sazonar la trucha, poner en una bandeja para horno con la piel hacia abajo y cocinar. Esparcir la ralladura de limón sobre la trucha y servir con la ensalada.

Valor nutricional por porción: 420kcal, 38g proteína, 28g carbohidratos (3g fibra, 6g azúcar), 13g grasas (3g saturadas), 12% calcio, 11% hierro, 22% magnesio, 29% Vitamina C, 59% Vitamina K, 21% Vitamina B1, 18% Vitamina B2, 12% Vitamina B3, 22% Vitamina B5, 43% Vitamina B6, 18% Vitamina B9, 153% Vitamina B12.

28. Chile de frijoles mexicanos

Una comida de mediodía alta en proteína, este plato es una gran manera de conseguir un tercio de la cantidad necesaria de fibra. A pesar de que tiene los nutrientes suficientes para ser una comida independiente, puede también ser servido sobre una cama de arroz integral.

Ingredientes (2 porciones):

250g carne picada

200g frijoles cocidos en lata

75ml caldo de carne

½ cebolla en cubos

½ pimiento rojo en cubos

1 cucharadita pasta de chipotle

1 cucharadita aceite de oliva

½ cucharadita chile en polvo

1 taza arroz integral hervido (opcional)

Hojas de cilantro para servir

Tiempo de Preparación: 5 min

Tiempo de Cocción: 45 min

Preparación:

Calentar el aceite en una sartén antiadherente a fuego medio, y freír la cebolla y el pimiento rojo hasta que se ablanden. Subir el fuego, añadir el chile en polvo y cocinar por dos minutos. Agregar la carne picada y cocinar hasta que se dore y el líquido se haya evaporado.

Agregue el caldo de carne, frijoles y la pasta de chipotle. Cocine a fuego lento por 20 minutos. Sazonar, decorar con hojas de cilantro y servir con el arroz hervido.

Valor nutricional por porción (sin arroz): 402kcal, 34g proteína, 19g carbohidratos (5g fibra, 10g azúcar), 14g grasas (5g saturadas), 29% hierro, 15% magnesio, 42% Vitamina C, 11% Vitamina B1, 16% Vitamina B2, 34% Vitamina B3, 40% Vitamina B6, 18% Vitamina B9, 52% Vitamina B12.

½ taza of rice: 108kcal

29. Fideos con brócoli y carne de res

Un plato cómodo y sabroso, los fideos con carne y brócoli toman solo 20 minutos para prepararse, por lo que es una gran opción para un día ocupado. Puede servirlo con unas rodajas de chile rojo para agregar un sabor extra.

Ingredientes (2 porciones):

2 tazas fideos al huevo

200g tiras de carne salteadas

1 cebollita de verdeo en rodajas

½ cabeza de brócoli

1 cucharadita aceite de sésamo

Para la salsa:

1 ½ cucharadas salsa de soja baja en sal

1 cucharadita salsa de tomate

1 diente de ajo machacado

1 cucharada salsa de ostras

¼ jengibre finamente rallado

1 cucharadita vinagre de vino blanco

Tiempo de Preparación: 10 min

Tiempo de Cocción: 10 min

Preparación:

Mezclar los ingredientes para la salsa. Hervir los fideos de acuerdo a las instrucciones del paquete. Agregue el brócoli cuando estén casi listos. Dejar por unos minutos y luego colar los fideos y brócoli.

Calentar el aceite en un wok hasta que esté muy caliente y saltear la carne durante 2-3 minutos, hasta que se dore. Agregar la salsa, revolver y dejar hervir por unos momentos. Apagar el fuego.

Mezclar la carne con los fideos, esparcir cebolla de verdeo encima y servir inmediatamente.

Valor nutricional por porción: 352kcal, 33g proteína, 39g carbohidratos (5g fibra, 5g azúcar), 9g grasas (2g saturadas), 20% hierro, 20% magnesio, 20% Vitamina A, 224% Vitamina C, 214% Vitamina K, 14% Vitamina B1, 19% Vitamina B2, 43% Vitamina B3, 18% Vitamina B5, 50% Vitamina B6, 31% Vitamina B9, 23% Vitamina B12.

30. Abadejo envuelto en panceta con papas

Este plato ligero y de sabor fresco ofrece una gran cantidad de energía y es alto en proteína, por lo que es una opción ideal para una comida de mediodía. El abadejo puede ser substituido por otro pescado blanco, mientras las aceitunas pueden ser reemplazadas por tomates secos

Ingredientes (2 porciones):

2* 140g filetes de abadejo

4 rebanadas de panceta

300g papas

100g judías verdes

30g aceitunas Kalamate

Jugo y Ralladura de 1 limón

2 cucharadas de aceite de oliva

Pocas ramitas de estragón

Tiempo de Preparación: 10 min

Tiempo de cocción: 15 min

Preparación:

Calentar el horno a 200°. Hervir las papas por 10-12 minutos hasta que estén tiernas, añadir las judías verdes en los 2-3 minutos finales. Escurrir bien, cortar las papas por la mitad y poner en una fuente de horno. Echar las aceitunas, ralladura de limón, aceite y sazonar bien.

Sazonar el pescado y envolverlo en la panceta. Ponerlo sobre las papas. Cocinar en el horno por 10-12 minutos, luego agregar el jugo de limón, esparcir el estragón y servir.

Valor nutricional por porción: 525kcal, 46g proteína, 36g carbohidratos (5g fibra, 3g azúcar), 31g grasas (8g saturadas), 10% hierro, 31% magnesio, 63% Vitamina C, 18% Vitamina K, 15% Vitamina B1, 13% Vitamina B2, 14% Vitamina B3, 25% Vitamina B6, 73% Vitamina B12.

CENA

31. Bowl de Sushi

Un plato de sushi con pocas calorías que sustituye el arroz por coliflor saborizado con ajo, salsa de soja y jugo de lima para un sabor extra. Utilice las hojas de alga para envolver las verduras y el salmón, y hacer un mini roll.

Ingredientes (2 porciones):

170g salmón ahumado

1 aguacate mediano

½ cabeza de coliflor, cocido al vapor y picado

1/3 taza zanahoria rallada

½ cucharadita pimienta

1.2 cucharadita ajo en polvo

1 cucharada salsa de soja baja en sodio

2 hojas de algas marinas

Jugo de ½ lima

Tiempo de Preparación: 10 min

Sin cocción

Preparación:

Colocar la coliflor, las zanahorias, salsa de soja, ajo, jugo de limón y pimienta en una procesadora. Detener la mezcla antes de que se convierta en una pasta. Servir junto a las hojas de algas y el salmón.

Valor nutricional por porción: 272kcal, 20g proteína, 13g carbohidratos (7g fibra, 4g azúcar), 16g grasas (1g saturadas), 10% hierro, 14% magnesio, 73% Vitamina A, 88% Vitamina C, 13% Vitamina E, 40% Vitamina K, 18% Vitamina B1, 15% Vitamina B2, 31% Vitamina B3, 21% Vitamina B5, 31% Vitamina B6, 26% Vitamina B9, 45% Vitamina B12.

32. Pollo agridulce

El pollo agridulce es una receta simple y deliciosa, que tiene un lugar en cada cocina. Es alta en proteína y Vitaminas, y va bien con el brócoli al vapor.

Ingredientes (2 porciones):

300g pechuga de pollo cortada en trozos pequeños

1 cucharadita sal de ajo

¼ taza caldo de pollo bajo en sodio

¼ taza vinagre blanco

¼ edulcorante sin calorías

¼ cucharadita pimienta negra

1 cucharadita salsa de soja baja en sodio

3 cucharaditas salsa de tomate baja en azúcar

Arrurruz

400g Cabezas de brócoli al vapor

Tiempo de Preparación: 10 min

Tiempo de cocción: 15 min

Preparación:

Colocar el pollo en un tazón grande y sazonar con ajo, pimienta y sal, formando una capa. Cocinar el pollo a fuego medio-alto hasta que esté hecho.

Mientras tanto, mezclar el caldo de pollo, edulcorante, vinagre, salsa de tomate y la salsa de soja en una cacerola. Llevar la mezcla al punto de ebullición y bajar el fuego al mínimo. Agregar el arrurruz de a poco y batir enérgicamente. Mantener la agitación durante unos minutos.

Verter la salsa sobre el pollo cocido y servir acompañado de brócoli al vapor.

Valor nutricional por porción: 250kcal, 40g proteína, 14g carbohidratos (6g fibra, 4g azúcar), 2g grasas, 11% calcio, 14% hierro, 20% magnesio, 24% Vitamina A, 303% Vitamina C, 254% Vitamina K, 17% Vitamina B1, 21% Vitamina B2, 90% Vitamina B3, 24% Vitamina B5, 58% Vitamina B6, 33% Vitamina B9.

33. Humus al Ajo

Solo necesita 5 minutos para hacer esta comida saludable y deliciosa. Está llena de magnesio y tiene una cantidad decente de proteína, considerando que no tiene carne. Tome una tortilla de trigo y haga esta comida para llevar.

Ingredientes (3 porciones):

1*400g garbanzos enlatados (guarde ¼ del líquido)

¼ taza Tahini

¼ taza de jugo de limón

1 diente de ajo

1 cucharada aceite de oliva

¼ cucharadita jengibre molido

¼ cucharadita comino molido

2 cebollas de verdeo, finamente picadas

1 tomate picado

Tiempo de Preparación: 5 min

Sin cocción

Preparación:

Colocar los garbanzos, líquido, Tahini, jugo de limón, aceite de oliva, ajo, comino y jengibre en una procesadora y mezclar hasta que esté suave.

Agregar el tomate y la cebolla, y sazonar con sal y pimienta. Servir acompañado con rodajas de pimiento.

Valor nutricional por porción: 324kcal, 11g proteína, 21g carbohidratos (7g fibra, 1g azúcar), 17g grasas (2g saturadas), 22% calcio, 54% hierro, 135% magnesio, 10% Vitamina A, 12% Vitamina C, 33% Vitamina K, 122% Vitamina B1, 12% Vitamina B2, 44% Vitamina B3, 11% Vitamina B5, 12% Vitamina B6, 40% Vitamina B9.

34. Pollo con Ananá y Pimientos

Tome un descanso de las recetas habituales de pollo y pruebe esta versión con ananá fresco y dulce. De alto contenido de Vitamina B3 y proteína, esta comida es también una fuente de carbohidratos. Puede sustituir el arroz por quínoa.

Ingredientes (1 porción):

140g pechuga de pollo deshuesada

1 cucharada mostaza

½ taza ananá fresco en cubos

½ taza Pimientos en cubos

50g arroz integral

Spray de aceite de coco

1 cucharadita comino

Sal and Pimienta

Tiempo de Preparación: 5 min

Tiempo de Cocción: 15 min

Preparación:

Cortar el pollo en trozos pequeños y luego frotar la mostaza en las piezas, y sazonar con sal, pimienta y comino.

Poner una sartén a fuego medio y rociar ligeramente con aceite de coco. Añadir el pollo y cocinar. Cuando el pollo esté casi terminado, aumente el fuego y agregue el ananá y los pimientos. Cocinar y asegurarse que todos los lados queden dorados. Esto debe tomar de 3 a 5 minutos.

Hervir el arroz integral y servir junto al pollo.

Valor nutricional por porción: 377kcal, 37g proteína, 50g carbohidratos (6g fibra, 10g azúcar), 1g grasas, 12% hierro, 33% magnesio, 168% Vitamina C, 26% Vitamina B1, 13% Vitamina B2, 96% Vitamina B3, 22% Vitamina B5, 65% Vitamina B6, 10% Vitamina B9.

35. Bowl proteico estilo mexicano

Dese un descanso de la carne y mezcle estos ingredientes juntos para una alternativa sabrosa a lo usual. Puede evitar las grasas fritas y calorías poco saludables, y aun así obtener el sabor de una comida mexicana.

Ingredientes:

1/3 taza frijoles negros cocidos

½ taza arroz integral cocido

2 cucharadas salsa

¼ aguacate en rodajas

Tiempo de Preparación: 5 min

Sin cocción

Preparación:

Combinar todos los ingredientes en un bowl y servir.

Valor nutricional por porción: 307kcal, 11g proteína, 48g carbohidratos (11g fibra, 1g azúcar), 7g grasas (1g azúcar),

26% magnesio, 13% Vitamina K, 16% Vitamina B1, 11% Vitamina B3, 17% Vitamina B6, 30% Vitamina B9.

36. Ensalada de pollo y Rúcula

Las hojas de Rúcula añaden satisfacción a esta ensalada dulce y súper saludable. Generosa en vegetales y proteína de calidad, esta comida puede ser enriquecida con un simple aderezo de yogurt bajo en grasas y ajo.

Ingredientes (1 porción):

120g pechuga de pollo

5 zanahorias picadas

¼ col roja picada

½ taza Rúcula

1 cucharada semillas de girasol

1 cucharadita aceite de oliva

Tiempo de Preparación: 10 min

Tiempo de Cocción: 10 min

Preparación:

Cortar el pollo en cubos del tamaño de un bocado. Calentar el aceite de oliva en una sartén antiadherente y freír el pollo hasta que esté cocido. Poner a un lado y dejar enfriar.

Colocar las zanahorias, Rúcula y la col roja en un tazón grande. Agregar encima el pollo enfriado y las semillas de girasol. Servir.

Valor nutricional por porción: 311kcal, 30g proteína, 9g carbohidratos (1g fibra), 13g grasas (1g saturadas), 11% hierro, 22% magnesio, 150% Vitamina A, 25% Vitamina C, 29% Vitamina E, 32% Vitamina K, 23% Vitamina B1, 10% Vitamina B2, 72% Vitamina B3, 11% Vitamina B5, 49% Vitamina B6, 17% Vitamina B9.

37. Hipogloso con mostaza Dijon

Esta comida picante de hipogloso es una manera rápida y fácil de obtener una abundante dosis de proteína. Es baja en carbohidratos y alta en Vitaminas, por lo que es una opción perfecta para la cena. El recuento bajo de calorías de la salsa le permite duplicarla en cantidad si se siente indulgente.

Ingredientes (2 porciones):

220g hipogloso

¼ cebolla en cubos

1 pimiento rojo en cubos

1 diente de ajo

1 cucharada mostaza Dijon

1 cucharadita salsa inglesa

1 cucharadita aceite de oliva

Jugo de 1 limón

Un puñado de perejil

2 zanahorias grandes cortadas en palitos

1 taza brócoli

1 taza hongos en rodajas

Tiempo de Preparación: 10 min

Tiempo de Cocción: 20 min

Preparación:

Colocar el pimiento rojo, ajo, perejil, mostaza, cebolla, salsa inglesa, jugo de limón y aceite de oliva en una procesadora.

Poner el pescado, salsa y el resto de los vegetales en una bolsa de hornear grande. Hornear a 190° durante 20 minutos y servir.

Valor nutricional por porción: 225kcal, 33g proteína, 12g carbohidratos (3g fibra, 5g azúcar), 5g grasas (1g saturadas), 11% calcio, 10% hierro, 35% magnesio, 180% Vitamina A, 77% Vitamina C, 71% Vitamina K, 13% Vitamina B1, 19% Vitamina B2, 51% Vitamina B3, 14% Vitamina B5, 34% Vitamina B6, 15% Vitamina B9, 25% Vitamina B12.

38. Bandeja de pollo horneado

Rápido, fácil y sabroso, este plato debe ser un elemento básico de la cocina de verano ya que no hay escasez de tomates cherry. El pesto agrega un sabor refrescante a una pechuga de pollo condimentada simplemente.

Ingredientes (2 porciones):

300g pechuga de pollo

300g tomates cherry

2 cucharadas pesto

1 cucharada aceite de oliva

Sal, Pimienta

Tiempo de Preparación: 5 min

Tiempo de Cocción: 15 min

Preparación:

Colocar la pechuga de pollo en una bandeja de asar, sazonar, rociar con el aceite de oliva y llevar a la parrilla por 10 minutos. Añadir los tomates cherry y cocinar por otros

5 minutos hasta que el pollo esté listo. Echar peso por encima y servir.

Valor nutricional por porción: 312kcal, 36g proteína, 7g carbohidratos (2g fibra, 5g azúcar), 19g grasas (4g saturadas), 15% magnesio, 25% Vitamina A, 34% Vitamina C, 11% Vitamina E, 20% Vitamina K, 10% Vitamina B1, 88% Vitamina B3, 13% Vitamina B5, 33% Vitamina B6.

39. Hamburguesa de tofu

El tofu tiene todos los aminoácidos esenciales, y esto lo convierte en un perfecto sustituto de la carne. Las cebollas caramelizadas con hojas de chile y sriracha, acompañado con el tofu con teriyaki, deleitará su paladar.

Ingredientes (1 porción):

85g tofu (extra firme)

1 cucharada salsa teriyaki

1 cucharada Sriracha

1 hoja de lechuga

30g zanahoria rallada

¼ cebolla roja cortada

½ cucharadita hojas de chile rojo

1 rollo de trigo integral mediano

Tiempo de Preparación: 5 min

Tiempo de Cocción: 10 min

Preparación:

Calentar la parrilla.

Marinar el tofu en salsa teriyaki, hojas de chile rojo y sriracha. Cocinar por 3-5 minutos de cada lado.

Freír la cebolla roja en una sartén antiadherente hasta caramelizarla.

Cortar el rollo al medio hasta quedar abierto como un libro. Rellenar con el tofu a la plancha, cebolla caramelizada, zanahoria y lechuga. Servir.

Valor nutricional por porción: 194kcal, 11g proteína, 28g carbohidratos (5g fibra, 8g azúcar), 5g grasas (1g saturadas), 21% calcio, 14% hierro, 19% magnesio, 95% Vitamina A, 10% Vitamina B1, 14% Vitamina B6.

40. Bacalao Caliente

Alto en proteína y grasas saludables y bajo en carbohidratos, este bacalao súper picante le dará una sacudida para el resto del día. Sirva con un poco de arroz integral si necesita un impulso de carbohidratos para un entrenamiento nocturno, y agregue 2 jalapeños más si cree que puede aguantar más sabor.

Ingredientes (2 porciones):

340g bacalao blanco

10 tomates cherry cortados al medio

2 jalapeños en rodajas

2 cucharadas de aceite de oliva

Sal marina

Chile en polvo

Tiempo de Preparación: 5 min

Tiempo de Cocción: 10 min

Preparación:

Calentar el aceite en una sartén antiadherente. Cubrir el bacalao en sal marina y polvo de chile, añadir a la sartén y cocinar durante 10 minutos a fuego medio. Agregar los jalapeños 1 o 2 minutos antes de que el pescado esté cocido.

Servir con tomates cherry.

Valor nutricional por porción: 279kcal, 30g proteína, 6g carbohidratos (1g fibra, 1 g azúcar), 16g grasas (2g saturadas), 11% magnesio, 17% Vitamina A, 38% Vitamina C, 26% Vitamina E, 33% Vitamina K, 24% Vitamina B3, 43% Vitamina B6, 26% Vitamina B12.

41. Hamburguesa de calabacín y hongos asados

Los hongos Portobello tienen una textura gruesa y carnosa que los hace uno de los favoritos tanto entre los vegetarianos como entre los amantes de la carne. Disfrute de la hamburguesa de la naturaleza y obtenga una alta carga de minerales y Vitaminas a un costo mínimo de calorías.

Ingredientes (1 porción):

1 hongo Portobello grande

¼ calabacín pequeño en rodajas

1 cucharadita pimientos asados

1 rebanada de queso bajo en grasas

4 hojas de espinaca

Spray de aceite de oliva

1 rollo de trigo integral mediano

Tiempo de Preparación: 5 min

Tiempo de Cocción: 5 min

Preparación:

Calentar la parrilla. Rociar el hongo con aceite de oliva y luego asar tanto los champiñones como las rodajas de calabacín.

Cortar el rollo a la mitad horizontalmente, colocar los ingredientes en capas en una mitad y cubrir con la otra. Servir inmediatamente.

Valor nutricional por porción: 185kcal, 12g proteína, 24g carbohidratos (4g fibra, 5g azúcar), 4g grasas (1g saturadas), 21% calcio, 17% hierro, 20% magnesio, 78% Vitamina A, 28% Vitamina C, 242% Vitamina K, 15% Vitamina B1, 37% Vitamina B2, 26% Vitamina B3, 16% Vitamina B5, 16% Vitamina B6, 31% Vitamina B9.

42. Pescado Mediterráneo

¿Qué mejor manera de llegar a su requerimiento diario de Vitamina B12 que con un plato de sabores mediterráneos? El resto de las Vitaminas y minerales también están bien representados, y el recuento de proteínas es de una buena cantidad para una cena ligera.

Ingredientes (2 porciones):

200g trucha fresca

2 tomates medianos

3 cucharaditas alcaparras

½ pimiento rojo picado

1 diente de ajo picado

10 aceitunas verdes en rodajas

¼ cebolla picada

½ taza espinaca

1 cucharada aceite de oliva

Sal and Pimienta

Tiempo de Preparación: 10 min

Tiempo de Cocción: 15 min

Preparación:

Calentar una sartén grande a fuego medio; añadir los tomates enteros, ajo y aceite de oliva. Cubrir y dejar hervir durante unos minutos hasta que los tomates empiecen a ablandarse.

Añadir la cebolla, pimiento, aceitunas, alcaparras, sal y pimenta (y un poco de agua si es necesario). Cubrir y dejar hervir hasta que los tomates se hayan roto y el pimiento y cebolla se hayan suavizado.

Añadir la trucha, tapar y hervir durante 5-7 minutos.

Añadir las espinacas en el último minuto y servir.

Valor nutricional por porción: 305kcal, 24g proteína, 7g carbohidratos (1g fibra, 4g azúcar), 11g grasas (3g saturadas), 10% calcio, 12% magnesio, 36% Vitamina A, 56% Vitamina C, 62% Vitamina K, 13% Vitamina B1, 33% Vitamina B3, 12% Vitamina B5, 25% Vitamina B6, 15% Vitamina B9, 105% Vitamina B12.

43. Cena vegano-amigable

Una comida vegano-amigable con una buena cantidad de proteína y Vitaminas. Dele a su paladar el sabor que se merece con esta salsa dulce y picante que da sabor a una cantidad llenadora de tofu, y es fácil de hacer.

Ingredientes (2 porciones):

340g tofu

¼ taza salsa de soja

¼ taza azúcar negra

2 cucharaditas de aceite de sésamo

1 cucharadita aceite de oliva

1 cucharadita hojuelas de chile

2 dientes de ajo picados

1 cucharadita jengibre recién rallado

Sal

Tiempo de Preparación: 5 min

Tiempo de Cocción: 15 min

Preparación:

Mezclar la azúcar negra, salsa de soja, aceite de sésamo, jengibre, hojas de chile y sal en un bowl y poner a un lado.

Verter el aceite de oliva en una sartén y calentar; a continuación, freír el tofu durante 10 minutos.

Verter la salsa en la sartén y cocinar durante 3-5 minutos. Servir cuando la salsa haya espesado y el tofu esté cocido.

Valor nutricional por porción: 245kcal, 17g proteína, 15g carbohidratos (1g fibra, 11g azúcar), 15g grasas (3g saturadas), 34% calcio, 19% hierro, 19% magnesio, 11% Vitamina B2, 11% Vitamina B6.

44. Fusión de atún

A diferencia de una fusión de atún alta en grasas saturadas y carbohidratos, ésta tiene una moderada cantidad de carbohidratos y un golpe de proteína del atún, por lo que es una excelente comida que apoya el crecimiento del músculo magro.

Ingredientes (2 porciones):

1 lata de atún (165g)

2 rebanadas de queso mozzarella bajo en grasas

2 cucharaditas salsa de tomate

1 panecillo de trigo inglés

Una pizca de orégano

Tiempo de Preparación: 5 min

Tiempo de Cocción: 3 min

Preparación:

Precalentar el horno a 190°C.

Cortar el panecillo inglés y luego untar cada mitad con salsa de tomate. Cubrir con el atún, espolvorear con orégano y colocar una rebanada de queso en la parte superior. Colocar las mini fusiones en el horno por 2-3 minutos o hasta que el queso se haya derretido, y luego dividir en 2 platos y servir.

Valor nutricional por porción: 255kcal, 31g proteína, 14g carbohidratos (2g fibra, 2 g azúcar), 6g grasas (4g saturadas), 29% calcio, 11% hierro, 13% magnesio, 10% Vitamina B1, 10% Vitamina B2, 60% Vitamina B3, 23% Vitamina B6, 52% Vitamina B12.

45. Pollo con ensalada de aguacate

Una comida que ofrece un gran equilibrio de proteínas de calidad y grasas saludables, que lo mantendrán satisfecho sin exagerar con los carbohidratos. Reemplace el vinagre con jugo de limón para una sensación más fresca.

Ingredientes (1 porción):

100g pechuga de pollo

1 cucharadita pimentón ahumado

2 cucharaditas de aceite de oliva

Para la ensalada:

½ aguacate mediano, en cubos

1 tomate mediano picado

½ cebolla morada pequeña, en rodajas finas

1 cucharada perejil picado

1 cucharadita vinagre de vino tinto

Tiempo de Preparación: 10 min

Tiempo de Cocción: 10 min

Preparación:

Calentar la parrilla a fuego medio. Frotar el pollo con una cucharada de aceite de oliva y pimentón. Cocinar por 5 minutos de cada lado hasta que esté bien cocido y ligeramente carbonizado. Cortarlo en rodajas gruesas.

Mezclar los ingredientes de la ensalada juntos, sazonar, añadir el resto del aceite de oliva y servir con el pollo.

Valor nutricional por porción: 346kcal, 26g proteína, 14g carbohidratos (6g fibra, 4g azúcar), 22g grasas (3g saturadas), 16% magnesio, 22% Vitamina, 44% Vitamina C, 18% Vitamina E, 38% Vitamina K, 12% Vitamina B1, 11% Vitamina B2, 66% Vitamina B3, 19% Vitamina B5, 43% Vitamina B6, 22% Vitamina B9.

APERITIVOS

1. Tomates cherry con queso Cottage

Cortar 5 tomates cherry por la mitad y untar con 2 cucharadas de queso de cabra mezclado con eneldo fresco y una pizca de sal.

Valor nutricional: 58kcal, 4g proteína, 10g carbohidratos, 30% Vitamina A, 40% Vitamina C, 20% Vitamina K, 10% Vitamina B1, 10% Vitamina B6, 10% Vitamina B9.

2. Aguacate en tostada

Tostar un pequeño trozo de pan de trigo integral y luego cubrirlo con 50gr de puré de aguacate. Espolvorear con sal y pimienta.

Valor nutricional: 208kcal, 5g proteína, 28g carbohidratos (6g fibra, 2g azúcar), 9g grasas (1g saturadas), 13% Vitamina K, 13% Vitamina B9.

3. Pimientos con queso Cottage

Cortar un pimiento pequeño a la mitad, quitar las semillas y luego rellenar con queso Cottage mezclado con aderezo de su gusto.

Valor nutricional: 44kcal, 6g proteína, 3g carbohidratos (3g azúcar), 49% Vitamina C.

4. Torta de arroz con mantequilla de maní

Untar una torta de arroz con 1 cucharada de mantequilla de maní cremosa

Valor nutricional: 129kcal, 5g proteína, 10g carbohidratos (1g fibra, 1 g azúcar), 8g grasas (1g saturadas), 10% Vitamina B3.

5. Apio con queso de cabra y aceitunas verdes

Cubrir 3 tallos de apio medianos con 3 cucharadas de queso de cabra y 3 aceitunas verdes.

Valor nutricional: 102kcal, 4g proteína, 6g carbohidratos (3g fibra), 6g grasas (4g saturadas), 12% calcio, 45% Vitamina K, 18% Vitamina A, 12% Vitamina B9.

6. Yogurt con bayas de Goji secas

Mezclar 150g de yogurt bajo en grasas con 10g de bayas de Goji.

Valor nutricional: 134kcal, 7g proteína, 19g carbohidratos (1g fibra, 18% azúcar), 4g grasas (1g saturadas), 27% calcio, 24% hierro, 13% Vitamina C, 19% Vitamina B2, 13% Vitamina B12.

7. Manzana y mantequilla de maní

Cortar una manzana pequeña y untar 1 cucharada de mantequilla de maní en todos los trozos.

Valor nutricional: 189kcal, 4g proteína, 28g carbohidratos (5g fibra, 20g azúcar), 8g grasas (1g saturadas), 14% Vitamina C, 14% Vitamina B3.

8. Yogurt griego con fresas

Mezclar 150g de yogurt griego con 5 fresas medianas cortadas a la mitad.

Valor nutricional: 150kcal, 11g proteína, 10g carbohidratos (10g azúcar), 8g grasas (5g saturadas), 10% calcio, 60% Vitamina C.

9. Mix de frutos secos

Mezclar 10g de nueces, 10g de almendras y 30g de pasas de uvas.

Valor nutricional: 217kcal, 4g proteína, 25g carbohidratos (2g fibra, 17g azúcar), 13g grasas (1g saturadas), 10% magnesio.

10. Jamón y tallos de apio

Envolver 6 tallos de apio medianos con 3 rebanadas de jamón y servir con 1 cucharadita de mostaza de grano entero.

Valor nutricional: 129kcal, 15g proteína, 6g carbohidratos (6g fibra), 3g grasas, 12% calcio, 24% Vitamina A, 12% Vitamina C, 90% Vitamina K, 18% Vitamina B1, 12% Vitamina B2, 24% Vitamina B3, 15% Vitamina B6, 24% Vitamina B9.

11. Yogurt con frutas tropicales

Mezclar 150g de yogurt griego con ½ taza de kiwi cortado y ¼ de taza de mango cortado.

Valor nutricional: 210kcal, 12g proteína, 25g carbohidratos (2g fibra, 19g azúcar), 8g grasas (5g saturadas), 13% calcio, 11% Vitamina A, 155% Vitamina C, 46% Vitamina K.

12. Yogurt de arándanos

Mezclar 150g de yogurt bajo en grasas con ½ taza de arándanos.

Valor nutricional: 136kcal, 8g proteína, 21g carbohidratos (2g fibra, 18g azúcar), 3g grasas (1g saturadas), 27% calcio, 13% Vitamina C, 18% Vitamina K, 21% Vitamina B2, 13% Vitamina B12.

13. Taza de Palomitas

Valor nutricional: 31kcal, 1g proteína, 6g carbohidratos (1g fibra).

14. Garbanzos asados

Valor nutricional para 50g: 96kcal, 4g proteína, 13g carbohidratos (4g fibra, 2g azúcar), 3g grasas.

RECETAS DE BATIDOS PARA FISICULTURISMO

Día 1

Desayuno: Batido todo en Uno

Batido de Energía y Masa Muscular

Todos sabemos lo difícil que es ganar masa muscular; siempre necesitamos un poco de ayuda con este problema. Así que aquí tiene un gran batido para mejorar el aumento de músculo y también fortalecer el cuerpo. Puede tomarlo en cualquier momento del día, pero le recomendamos el desayuno como un buen momento.

Preparación:

Mezcle todos los ingredientes juntos en una juguera o batidora a gran velocidad y disfrute de un delicioso batido.

Ingredientes:

- Leche, 400 ml

- 2 cucharadas Polvo de Proteína de Suero

- 2 bananas 140g

- Aceite de almendra 2 cucharadas.

- 1 manzana

Factores Nutricionales:

- Calorías: 443

- Proteínas: 32.5 g

- Carbohidratos: 45 g

- Grasas: 16 g

Día 2

Almuerzo: Batido Hágase Grande

Batido de Aumento Muscular

Comer grande para volverse grande es el secreto para obtener grandes cantidades de masa muscular, basado principalmente en un alto porcentaje de proteínas. Para alcanzar ese fin, debe poner mucho esfuerzo y alimentarse bien, y aquí tiene un gran batido para ayudarlo con esto.

Preparación:

Mezcle todos los ingredientes juntos en una juguera o batidora a gran velocidad y disfrute de un delicioso batido.

Ingredientes

- ½ taza Leche de Almendra sin azúcar
- 2 cucharadas jarabe de arce
- 2 bananas congeladas

- 1 cucharada Polvo de Proteína de Suero

- 3 cucharadas de manteca de almendra

Factores Nutricionales:

- Calorías: 830

- Grasas Totales: 30g (grasa saludable de la manteca de almendra)

- Carbohidratos: 115g

- Fibra: 14g

- Carbohidratos Netos: 101 g

- Libre de Gluten

- Proteínas: 46 g

Día 3

Desayuno: Batido sin polvo

Batido de Aumento Muscular

Obtenga lo más posible de su mezcla con esta gran receta. Se está quedando sin tiempo, y aun así quiere alcanzar su cuota nutricional, y esta bebida deliciosa está lista en menos de un minuto. Su cuerpo necesita un "súper" batido rico en proteína que le dará un buen balance de carbohidratos y proteínas, y qué mejor que hacerlo que con esta mezcla de ingredientes.

Preparación:

Mezcle todos los ingredientes juntos en una juguera o batidora a gran velocidad y disfrute de un delicioso batido.

Ingredientes

- Aceite de almendra 2 cucharadas.
- 2 cucharadas Mantequilla de Maní
- ½ - 1 cucharadita Miel
- 1 Banana mediana

- 2 tazas de leche

- 2 cucharadas Polvo de Proteína de Suero

Factores Nutricionales:

- Calorías: 601

- Proteínas: 49 g

- Carbohidratos: 63 g

- Grasas: 25 g

Día 4

Desayuno: Batido de Café Proteico

Batido de Aumento Muscular

Esta receta toma segundos hacerla, y será sabrosa. Asegúrese de usar todos los ingredientes, mezclarlos bien y servirla después de una sesión de entrenamiento. El aumento de músculo es una de las cosas más difíciles de conseguir en el gimnasio, así que cualquier ayuda que pueda obtener valdrá la pena.

Preparación:

Mezcle todos los ingredientes juntos en una juguera o batidora a gran velocidad y disfrute de un delicioso batido.

Ingredientes

- 2 cucharadas Polvo de Proteína de Suero
- 8 onzas Café
- 8 onzas 2% Leche
- 2 cucharadas Crema de Caramelo

Factores Nutricionales:

- Calorías: 398

- Proteínas: 58.4 g

- Carbohidratos: 13.4 g

- Grasas: 6.4 g

Día 5

Desayuno: Batido de Acumulación Proteica de Mantequilla de Maní

Batido de Aumento Muscular

Esta receta es genial para mejorar su desempeño en el gimnasio y para incrementar el crecimiento de músculo. Ponga los ingredientes en una batidora hasta que esté fluido. Quizás también quiera usar leche entera y mantequilla de maní adicional para convertir a este batido proteico en uno ganador de músculo de mayores calorías, depende de usted.

Preparación:

Mezcle todos los ingredientes juntos en una juguera o batidora a gran velocidad y disfrute de un delicioso batido.

Ingredientes

- 8 onzas Leche descremada
- 1 banana
- 1 cucharadas Mantequilla de Maní

- 2 cucharadas Polvo de Proteína de Suero

Factores Nutricionales:

- Calorías: 498

- Proteínas: 58 g

- Carbohidratos: 44.1 g

- Grasas: 11 g

Día 6

Desayuno: Batido Súper Rosa

Batido de Aumento Muscular

Cuando se trata de incremento de músculo masivo, es más importante consumir la cantidad correcta de calorías en una proporción adecuada de carbohidratos, para llenarse de proteínas para tener suficiente energía para entrenar y suficiente proteína para permitir que sus músculos se desarrollen.

Preparación:

Mezcle todos los ingredientes juntos en una juguera o batidora a gran velocidad y disfrute de un delicioso batido.

Ingredientes

- ¾ taza Frambuesas orgánicas congeladas
- ½ banana pequeña
- 1 cucharada Polvo de Proteína de Suero
- ½ cucharadas manteca de coco cruda

- 5 g glutamina

- 1 taza Agua de manantial

Factores Nutricionales:

- Calorías: 268

- Proteínas: 16.5 g

- Carbohidratos: 44.5 g

- Grasas: 6.7 g

Día 7

Desayuno: Batido Proteico de Banana

Batido de Aumento Muscular

Las proteínas son los nutrientes más importantes para el crecimiento muscular. Para asegurarse de que el cuerpo funcione apropiadamente. Para los practicantes del fisiculturismo, le permiten tener músculos más grandes siempre y cuando, obviamente, siga con un entrenamiento apropiado y tenga una dieta sana. Este es un batido fácil de hacer que tiene una gran cantidad de proteínas.

Preparación:

Mezcle todos los ingredientes juntos en una juguera o batidora a gran velocidad y disfrute de un delicioso batido.

Ingredientes

- 8 oz. Leche descremada
- 1 banana
- ½ taza de Avena

- 2 cucharadas de Polvo de Proteína de Suero

Factores Nutricionales:

- Calorías:554

- Proteínas: 58g

- Carbohidratos: 67.5g

- Grasas: 6g

Día 8

Desayuno: Batido Proteico de Banana y Bayas

Batido Proteico de Aumento de Masa

Este es un gran batido para obtener fuerza y masa muscular en un periodo corto de tiempo, sin retrasos. Es saludable, natural, y tendrá un gran impacto en su rutina de gimnasio. Así que veamos los ingredientes y todo lo que tiene para ofrecerle.

Preparación:

Mezcle todos los ingredientes juntos en una juguera o batidora a gran velocidad y disfrute de un delicioso batido.

Ingredientes

- 12 onzas de agua
- 4 cubos de hielo
- 1 banana
- 2 cucharadas de proteína de suero

Factores Nutricionales:

- Calorías:314
- Proteínas: 45.1g
- Carbohidratos: 32.1g
- Grasas: 2.4g

Día 9

Desayuno Sed de Almendra y Banana

Batido para Obtener Masa

Incremente su ganancia de músculo usando esta receta de batido, y luego siga el progreso el día después de entrenar para saber si le ayudó en su desempeño. Incluso puede prepararlo la noche anterior para que los ingredientes combinen mejor.

Preparación:

Mezcle todos los ingredientes juntos en una juguera o batidora a gran velocidad y disfrute de un delicioso batido.

Ingredientes

- 1 banana mediana congelada
- 1 taza yogurt natural
- 100 ml agua helada
- 1 onza Almendras molidas

Factores Nutricionales:

- Calorías: 650
- Proteínas: 53 g
- Carbohidratos: 75 g
- Grasas: 15 g

Día 10

Almuerzo: Batido Proteico de Canela

Batido Para Ganar Músculo

Siga esta receta de batido para aumentar la ganancia de músculo, con una ingesta de grasas baja. Puede tomar este batido en cualquier momento del día.

Preparación:

Mezcle todos los ingredientes juntos en una juguera o batidora a gran velocidad y disfrute de un delicioso batido.

Ingredientes

- 1 taza Leche descremada
- 1 Banana congelada
- 1 cucharada Polvo de Proteína de Suero
- 1 cucharada Mantequilla de Maní

Factores Nutricionales:

- Calorías: 391

- Proteínas: 38g

- Carbohidratos: 42.1g

- Grasas: 10g

Día 11

Desayuno: Batido Ganador Pesado

Batido para Obtener Masa

Aquí tiene una gran receta de batido que le dará un gran impulso de energía y también le ayudará a incrementar el desarrollo muscular. Así que esté listo para una gran experiencia que mejorará sus sesiones de gimnasio.

Preparación:

Mezcle todos los ingredientes juntos en una juguera o batidora a gran velocidad y disfrute de un delicioso batido.

Ingredientes

- 10-14 onzas agua pura
- 1/2 taza almendras crudas
- 1/2 banana congelada grande
- 2 cucharadas Polvo de Proteína de Suero

Factores Nutricionales:

- Calorías: 380
- Proteínas: 75 g
- Carbohidratos: 57 g
- Grasas: 15 g

Día 12

Desayuno: Batido de Energía Extrema

Batido Para Ganar Masa y Energía

Si estaba buscando algo que le suministre un poco de energía extra y le mejore el crecimiento muscular, debería probar esta receta. Este batido está lleno de ingredientes saludables. Se ha dicho que el té verde previene el cáncer y las semillas de lino dan una buena porción de omega 3, el cual es importante para el desarrollo del cuerpo.

Preparación:

Mezcle todos los ingredientes juntos en una juguera o batidora a gran velocidad y disfrute de un delicioso batido.

Ingredientes

- 10 onzas de agua pura
- 10 frutillas (frescas o congeladas)
- 1 cucharada de aceite de semillas de lino
- 1/2 cucharadita polvo de té verde

- 1/2 cucharadita extracto de vainilla
- 1 cucharada Polvo de Proteína de Suero

Factores Nutricionales:

- Calorías: 420
- Proteínas: 50 g
- Carbohidratos: 42 g
- Grasas: 17 g

Día 13

Almuerzo: Batido de Duraznos

Batido de Aumento Muscular

Los duraznos en este batido le dan un gran sabor y el queso Cottage es una excelente fuente de proteínas, y fácil de digerir. El mejor momento del día para beber este batido sería en la mañana, pero puede hacerlo en cualquier momento.

Preparación:

Mezcle todos los ingredientes juntos en una juguera o batidora a gran velocidad y disfrute de un delicioso batido.

Ingredientes

- 8 onzas agua pura
- 1 durazno maduro
- 2 cucharadas de queso Cottage baso en grasa
- Azúcar negra
- 1.5 cucharadas Polvo de Proteína de Suero

Factores Nutricionales:

- Calorías: 250
- Proteínas: 40 g
- Carbohidratos: 21 g
- Grasas: 8 g

Día 14

Desayuno: Batido de Arándanos

Batido Para Ganar Músculo

Empecemos el día con esta genial receta de batido que mantendrá sus niveles de energía altos, y le proveerá la ingesta de proteínas necesarias para poder incrementar más músculo en un período de tiempo más corto. Los arándanos son buenos antioxidantes y ayudan a prevenir el cáncer.

Preparación:

Mezcle todos los ingredientes juntos en una juguera o batidora a gran velocidad y disfrute de un delicioso batido.

Ingredientes

- 10 onzas de agua pura
- 1/2 taza de arándanos frescos o congelados
- 1.5 cucharada Polvo de Proteína de Suero
- 2 cucharaditas de aceite de semilla de lino

Factores Nutricionales:

- Calorías: 210 g
- Proteínas: 39g
- Carbohidratos: 22 g
- Grasas: 4 g

Día 15

Desayuno: Batido de Frutilla

Batido para Ganar Músculo

No hay mejor forma de obtener resultados rápidos cuando se trata de incrementar el crecimiento de músculo que usar batidos, y esta receta sabrá deliciosa por la combinación de frutillas y queso Cottage.

Preparación:

Mezcle todos los ingredientes juntos en una juguera o batidora a gran velocidad y disfrute de un delicioso batido.

Ingredientes

- 10 onzas agua pura
- 8 frutillas congeladas
- 4 cucharadas de queso Cottage bajo en grasas
- 1.5 cucharada Polvo de Proteína de Suero

Factores Nutricionales:

- Calorías: 310 g
- Proteínas: 51g
- Carbohidratos: 27g
- Grasas: 7 g

Día 16

Desayuno: Batido Delicia de Banana

Batido para Ganar Músculo

Combine los siguientes ingredientes para obtener un batido con alto contenido de omega 3 y potasio, para ayudarlo a incrementar la ganancia de músculo y mantener un cuerpo saludable.

Preparación:

Mezcle todos los ingredientes juntos en una juguera o batidora a gran velocidad y disfrute de un delicioso batido.

Ingredientes

- 8 onzas agua pura
- 1/2 banana congelada
- 2 cucharadas Polvo de Proteína de Suero
- 2 cucharaditas de aceite de semillas de lino

Factores Nutricionales:

- Calorías: 350 g
- Proteínas: 65g
- Carbohidratos: 29g
- Grasas: 9g

Día 17

Desayuno: Batido de Ananá

Batido para Ganar Músculo

Pruebe esta sorprendente receta que es conocida por los resultados rápidos y el delicioso sabor. Es perfecta para ayudarlo a incrementar la ganancia de músculo, y tendrá un fuerte efecto en su sistema inmune.

Preparación:

Mezcle todos los ingredientes juntos en una juguera o batidora a gran velocidad y disfrute de un delicioso batido.

Ingredientes

- 1 taza de jugo de ananá
- 3 frutillas
- 1 banana
- 1 cucharadita de yogurt
- 1 cucharada Polvo de Proteína de Suero

Factores Nutricionales:

- Calorías: 340 g
- Proteínas: 63g
- Carbohidratos: 27g
- Grasas: 10g

Día 18

Desayuno: Batido Muscular

Batido Para Ganar Músculo

¿Tiene problemas para obtener músculos más grandes? Si la respuesta es sí, entonces debería probar esta receta, que le traerá resultados instantáneos en su entrenamiento y energía durante el día.

Preparación:

Mezcle todos los ingredientes juntos en una juguera o batidora a gran velocidad y disfrute de un delicioso batido.

Ingredientes

- 1 taza de leche descremada
- 1/2 taza yogurt natural bajo en grasas
- 1 banana cortada
- 2 cucharadas Polvo de Proteína de Suero
- 6 frutillas cortadas

- 1 cucharadita germen de trigo
- 1 cucharadas miel o jarabe de arce
- 1/4 taza de bayas congeladas
- Una pizca de nuez moscada o algarrobo en polvo

Factores Nutricionales:

- Calorías: 600
- Proteínas: 70g
- Carbohidratos: 54g
- Grasas: 15 g

Día 19

Desayuno: Batido de Avena

Batido Para Ganar Músculo

Este es un gran batido para incrementar la masa muscular y proteger su corazón. Le ayudará a estar alerta durante el día entero, así que vaya por él.

Preparación:

Mezcle todos los ingredientes juntos en una juguera o batidora a gran velocidad y disfrute de un delicioso batido.

Ingredientes

- 2 cucharadas Polvo de Proteína de Suero
- 1 taza de helado de vainilla sin azúcar
- 1 taza avena
- 2 tazas leche sin grasa
- 1.2 taza agua
- Una rociada de extracto de menta

Factores Nutricionales:

- Calorías: 621

- Proteínas: 65g

- Carbohidratos: 58g

- Grasas: 22 g

Día 20

Almuerzo: Batido Tropical

Batido para Ganar Músculo

Este es uno de los más deliciosos batidos que he probado y estoy seguro que lo disfrutará. La mezcla entre banana, ananá y coco le da un sabor tropical que debería ir bien en la mañana o media mañana. Las bananas no necesitan estar congeladas, pero algunos prefieren que la bebida sea fría si recién han terminado de ejercitar.

Preparación:

Mezcle todos los ingredientes juntos en una juguera o batidora a gran velocidad y disfrute de un delicioso batido.

Ingredientes

- 8 onzas agua pura
- 1/2 cucharadita extracto de ananá
- 1/2 cucharadita extracto de coco
- 1 cucharada queso Cottage

- 1/2 banana congelada

Factores Nutricionales:

- Calorías: 540
- Proteínas: 25g
- Carbohidratos: 43g
- Grasas: 17g

Día 21

Almuerzo: Batido de Frutas

Batido para Ganar Músculo

Las proteínas son la clave para el crecimiento muscular y la recuperación. Asegúrese de probar este batido en cualquier momento del día. Este batido de bayas tiene muchas cualidades antioxidantes que lo beneficiarán mientras envejece, que previenen que se enferme tan seguido, y que pueden ser muy importantes cuando no puede tomarse descansos largos de entrenamiento.

Preparación:

Mezcle todos los ingredientes juntos en una juguera o batidora a gran velocidad y disfrute de un delicioso batido.

Ingredientes

- 2 cucharadas Polvo de leche proteica
- 4 frutillas grandes
- Arándanos (un pequeño puñado)
- Agua (unas pocas gotas)

- 3 huevos

Factores Nutricionales:

- Calorías: 470

- Proteínas: 45g

- Carbohidratos: 39g

- Grasas: 15g

Día 22

Desayuno: Batido Delicia de Pastel de Manzana

Batido para Ganar Músculo

Los atletas que consumen más proteínas ganarán más masa muscular que las personas sedentarias porque maximizan el potencial de crecimiento, así que asegúrese de tomar este batido justo antes o justo después de una sesión de entrenamiento. La mezcla de sabores de la manzana, canela y nuez moscada le dan un sabor original que normalmente no se encuentra en otros batidos.

Preparación:

Mezcle todos los ingredientes juntos en una juguera o batidora a gran velocidad y disfrute de un delicioso batido.

Ingredientes

- 1 cucharada Polvo de Proteína de Suero
- 1 Manzana pelada y sin centro, cortada en pedazos
- 1 1/2 tazas de leche
- 1/2 cucharadita canela

- 1/2 cucharadita nuez moscada

- 5 Cubos de hielo

Factores Nutricionales:

- Calorías: 350

- Proteínas: 35g

- Carbohidratos: 21g

- Grasas: 10g

Día 23

Desayuno: Batido de Calabaza

Batido Bajo en Carbohidratos

Aquí tiene un batido que es una gran fuente de proteínas y provee un alto nivel de energía durante el día. El aceite de lino y yogurt le proveen muchos ingredientes para el funcionamiento general del cuerpo, y ayudan a brindarle a este batido un impulso de calcio y omega 3.

Preparación:

Mezcle todos los ingredientes juntos en una juguera o batidora a gran velocidad y disfrute de un delicioso batido.

Ingredientes

- 2 Cucharadas Polvo de Proteína de Leche
- 8 onzas de agua
- 1 cucharadas aceite de lino
- 1 cucharadita especia de pastel de calabaza
- 8 onzas yogurt

- 4-6 cubos de hielo

Factores Nutricionales:

- Calorías: 300

- Proteínas: 40g

- Carbohidratos: 26g

- Grasas: 11g

Día 24

Desayuno: Batido de Canela

Batido para Ganar Músculo

Este batido debería ser consumido temprano en la mañana, antes de una sesión de entrenamiento, porque es un buen proveedor de energía y también le ayudará a acelerar la recuperación muscular.

Preparación:

Mezcle todos los ingredientes juntos en una juguera o batidora a gran velocidad y disfrute de un delicioso batido.

Ingredientes

- 1 galletas Graham
- 1/2 cucharadita canela
- Extracto de vainilla
- 12 onzas de agua
- 4 cubos de hielo

Factores Nutricionales:

- Calorías: 280
- Proteínas: 10g
- Carbohidratos: 15g
- Grasas: 5g

Día 25

Desayuno: Batido de Mantequilla de Maní y Banana

Batido Para Ganar Músculo

La mantequilla de maní es una gran fuente de proteínas y energía. Muchos atletas la usan como fuente principal de energía antes de entrenar o competir. La banana y el contenido de almendra mejoran el sabor y lo hacen más digestible.

Preparación:

Mezcle todos los ingredientes juntos en una juguera o batidora a gran velocidad y disfrute de un delicioso batido.

Ingredientes

- 2 cucharadas Polvo de Proteína de Suero
- 100g Almendras cortadas
- 1 cucharada Mantequilla de Maní
- 500ml Leche descremada
- Media banana

- 1 cucharada miel

Factores Nutricionales:

- Calorías: 600
- Proteínas: 55g
- Carbohidratos: 35g
- Grasas: 10g

Día 26

Desayuno: Batido Súper Mezcla

Batido Para Ganar Músculo

Dependiendo de su metabolismo, se adaptará a algunos batidos mejor que a otros. Para aquellos que prefieran un sabor más dulce en sus batidos, ésta es una buena opción. Puede adaptar algunos ingredientes para cambiar el sabor a su preferencia, como el caramelo, avellanas o yogurt de vainilla.

Preparación:

Mezcle todos los ingredientes juntos en una juguera o batidora a gran velocidad y disfrute de un delicioso batido.

Ingredientes

- 10 Cubos de hielo
- 12 onzas Leche descremada
- 2 cucharadas Yogurt de Vainilla descremado
- 1 cucharadas mantequilla de maní baja en grasas

- 2 cucharadas avellanas

- 1 cucharadas cubierta de helado de caramelo

Factores Nutricionales:

- Calorías: 430

- Proteínas: 23g

- Carbohidratos: 20g

- Grasas: 11g

Día 27

Desayuno: Batido de Banana Grasa Magra

Batido para Ganar Músculo

Las personas que se adhieren a una dieta o rutina para ganar músculo se beneficiarán mucho más si agregan batidos por la facilidad de preparación y la rapidez en que el cuerpo puede absorber proteínas y nutrientes.

Preparación:

Mezcle todos los ingredientes juntos en una juguera o batidora a gran velocidad y disfrute de un delicioso batido.

Ingredientes

- 1/2 banana congelada
- 2 cucharadas crema de leche (crema batida, no sacada de una lata)
- 2 huevos
- 10-12 onzas de agua
- 4-6 cubos de hielo

Factores Nutricionales:

- Calorías: 320
- Proteínas: 18g
- Carbohidratos: 15g
- Grasas: 9g

Día 28

Almuerzo: Batido Impulso Dulce

Batido para Ganar Músculo

Aquí tiene un gran ejemplo de un batido que tiene ingredientes muy diferentes, pero combinados son una gran fuente de proteínas y mejorarán su rendimiento en el gimnasio.

Preparación:

Mezcle todos los ingredientes juntos en una juguera o batidora a gran velocidad y disfrute de un delicioso batido.

Ingredientes

- 1 banana mediana o grande
- 8 onzas de Leche
- 1 cucharada mezcla de semillas de lino y almendras
- 1 cucharadita Jarabe de arce
- Pocas gotas de extracto/esencia de vainilla

- 3-4 cubos de hielo

- 1 cucharadas yogurt natural bajo en grasas

Factores Nutricionales:

- Calorías: 450

- Proteínas: 19g

- Carbohidratos: 16g

- Grasas: 10g

Día 29

Desayuno: Batido de Naranja

Batido Para Ganar Músculo

Empecemos el día con un batido genial para impulsar su sistema inmune y ayudarlo a incrementar el músculo. Esta receta es alta en Vitamina C y potasio por las frutillas y el jugo de naranja, que ayuda también a recuperarse más rápido.

Preparación:

Mezcle todos los ingredientes juntos en una juguera o batidora a gran velocidad y disfrute de un delicioso batido.

Ingredientes

- 8 onzas Jugo de naranja
- 4-5 cubos de hielo
- 1 cucharadita extracto de vainilla
- ½ banana
- 2-3 frutillas congeladas

- 2 cucharaditas miel

Factores Nutricionales:

- Calorías: 291
- Proteínas: 15g
- Carbohidratos: 12g
- Grasas: 5g

Día 30

Desayuno: Batido Explosión de Almendras

Batido Para Ganar Músculo

Planee tener una mejor digestión luego de este batido con la combinación de avena, pasas de uva, almendras y mantequilla de maní. Las pasas de uva le dan un gran sabor y la avena les da una textura diferente a otros batidos.

Preparación:

Mezcle todos los ingredientes juntos en una juguera o batidora a gran velocidad y disfrute de un delicioso batido.

Ingredientes

- 10-12 onzas de Leche descremada
- 1/2 taza de avena cruda
- 1/2 taza de pasas de uva
- 12 Almendras molidas
- 1 cucharadas de Mantequilla de Maní.

Factores Nutricionales:

- Calorías: 380
- Proteínas: 18g
- Carbohidratos: 15g
- Grasas: 12g

Día 31

Desayuno: batido de Bayas Silvestres

Batido para Ganar Músculo

Los arándanos son conocidos por tener mucha Vitamina C y antioxidantes, los cuales muchos profesionales sugieren como suplementos anti cancerígenos para las comidas diarias normales. Es la mezcla perfecta para aquellos que quieran ganar masa muscular y fuerza. Puede reemplazar un bocadillo regular con esta bebida saludable que no es muy alta en proteínas, pero que le ayudará a tomarse un descanso de otros batidos altos en proteínas que tomará diariamente.

Preparación:

Mezcle todos los ingredientes juntos en una juguera o batidora a gran velocidad y disfrute de un delicioso batido.

Ingredientes

- 8 frambuesas
- 4 frutillas

- 15 arándanos
- 16 onzas leche descremada
- ½ taza cubos de hielo

Factores Nutricionales:

- Calorías: 210
- Proteínas: 9g
- Carbohidratos: 10g
- Grasas: 8g

Día 32

Desayuno: Batido de Maní y Banana

Batido para Ganar Músculo

En términos de nutrición, este batido es alto en proteínas magras y carbohidratos complejos, por lo que incrementará el crecimiento muscular y la recuperación. También le dará un impulso de energía mientras entrena si lo bebe media hora antes.

Preparación:

Mezcle todos los ingredientes juntos en una juguera o batidora a gran velocidad y disfrute de un delicioso batido.

Ingredientes

- ½ taza de maní
- 1/2 Banana
- 1 taza Leche descremada
- 1/4 taza de Avena Quaker
- 2 Cubos de hielo

- Pizca de Sal

Factores Nutricionales:

- Calorías: 230

- Proteínas: 18g

- Carbohidratos: 12g

- Grasas: 5g

Día 33

Desayuno: Batido de Zanahoria y Ananá

Batido Para Ganar Músculo

Este batido podrá verse un poco extraño, pero créame que es uno bueno para usted y su cuerpo. Puede remover o bajar las porciones de algunos ingredientes dependiendo de su preferencia, ya que esta mezcla es muy diferente de otras.

Preparación:

Mezcle todos los ingredientes juntos en una juguera o batidora a gran velocidad y disfrute de un delicioso batido.

Ingredientes

- 1 taza de Leche chocolatada
- 3/4 c zanahoria rallada
- 10 trozos de ananá congelados
- 2 cucharaditas de coco rallado sin azúcar
- 1 cucharadita vainilla

- 1 cucharadita crema dulce

- 4 onzas Queso Neufchatel o queso crema

Factores Nutricionales:

- Calorías: 220

- Proteínas: 21g

- Carbohidratos: 13g

- Grasas: 13g

Día 34

Almuerzo: Batido de Calabaza

Batido Para Ganar Músculo

Gran receta de batido para ayudarlo a incrementar la ganancia de músculo con un sabor muy único que lo hace divertido de beber mientras se consume una cantidad decente de proteínas. Es el suplemento perfecto para la recuperación y ganancia de músculo.

Preparación:

Mezcle todos los ingredientes juntos en una juguera o batidora a gran velocidad y disfrute de un delicioso batido.

Ingredientes

- 3/4 taza Leche (cualquier tipo que le guste)
- 1/4 taza calabaza enlatada
- 1 cucharadas jarabe sabor pastel de calabaza
- 1/2 cucharadita especia de pastel de calabaza
- 10 cubos de hielo

Factores Nutricionales:

- Calorías: 235
- Proteínas: 20g
- Carbohidratos: 17g
- Grasas: 1.5g

Día 35

Desayuno: Batido de Arándanos y Manzana

Batido de Impulso Energético

Mantener un nivel alto de energía es el objetivo de este batido. También le proveerá de proteínas magras que le ayudarán incluso si está un poco cansado ese día, o si quiere presionarse más ese día.

Preparación:

Mezcle todos los ingredientes juntos en una juguera o batidora a gran velocidad y disfrute de un delicioso batido.

Ingredientes

- 1/2 manzana pequeña cortada en piezas pequeñas (con piel)
- 1/2 taza de cerezas (oscuras, dulces, picadas)
- 1/2 taza de arándanos
- 4 cucharadas germen de trigo
- Cubos de hielo (si se desea)

- 1/2 taza de proteína de suero

Factores Nutricionales:

- Calorías:300
- Proteínas: 39g
- Carbohidratos: 18g
- Grasas: 5g

Día 36

Desayuno: Batido de Cereza y Banana

Batido de Impulso Energético

Dos ingredientes de gran sabor en un batido. Las cerezas y bananas proveen una gran fuente de fibra que su cuerpo necesita al consumir grandes porciones de proteínas. Pruebe esta bebida antes de cualquier sesión de entrenamiento, día o noche.

Preparación:

Mezcle todos los ingredientes juntos en una juguera o batidora a gran velocidad y disfrute de un delicioso batido.

Ingredientes

- 1/2 taza de cerezas (oscuras, dulces, picadas)
- 1/2 taza de banana
- 4 cucharadas germen de trigo
- Cubos de hielo (si se desea)
- 1/2 taza de proteína de suero

Factores Nutricionales:

- Calorías:300
- Proteínas: 39g
- Carbohidratos: 18g
- Grasas: 5g

Día 37

Desayuno: Batido Manía de Huevos

Batido Para Ganar Músculo

Puede tener una receta de batido para ganar músculo sin polvo de proteínas en ella y aun así ingerir una buena cantidad de proteína. Los garbanzos le dan un color verde pero no cambian el sabor. Es una gran combinación de proteínas y carbohidratos.

Preparación:

Mezcle todos los ingredientes juntos en una juguera o batidora a gran velocidad y disfrute de un delicioso batido.

Ingredientes

- 4 claras de huevo
- 1/2 taza de queso Cottage
- 1 banana
- 1/4 taza de garbanzos
- Rodajas de Ananá

- Leche de Coco
- Extracto de Coco puede ser agregado
- Cubos de hielo

Factores Nutricionales:

- Calorías: 280
- Proteínas: 25g
- Carbohidratos: 40g
- Grasas: 4g

Día 38

Desayuno: Batido Alto en Proteínas

Batido Para Ganar Músculo

Incremente su desempeño en el gimnasio aumentando la cantidad de proteínas que ingiere diariamente. Este batido tiene muchas proteínas y mucho sabor.

Preparación:

Mezcle todos los ingredientes juntos en una juguera o batidora a gran velocidad y disfrute de un delicioso batido.

Ingredientes

- 1/2 taza de agua
- 1 cucharada Polvo de Proteína de Suero
- 2 cucharadas Miel
- 1 cucharadas Mantequilla de Maní suave
- 1/2 taza de hielo

Factores Nutricionales:

- Calorías:114

- Proteínas: 34g

- Carbohidratos: 5.2g

- Grasas: 4.5g

Día 39

Desayuno: Batido Mezcla de Frutas

Batido Para Ganar Músculo

Esta receta puede fácilmente reemplazar su desayuno, pero aun así mantener una porción saludable de comida para nutrir su cuerpo. Tiene muchos nutrientes que su cuerpo necesita para tener un buen comienzo en la mañana. Las proteínas y carbohidratos están incluidos en esta receta para darle energía y fuerza mientras entrena.

Preparación:

Mezcle todos los ingredientes juntos en una juguera o batidora a gran velocidad y disfrute de un delicioso batido.

Ingredientes

- 1/2 banana cortada
- 1/2 taza de frutillas trozadas
- 1 manzana pequeña
- 1 ciruela pequeña

- 1 taza de leche chocolatada

- 1 cucharada de Mantequilla de Maní suave

- 1 cucharada de Polvo de Proteína de Suero

Factores Nutricionales:

- Calorías:700

- Proteínas: 46g

- Carbohidratos: 90g

- Grasas: 20g

Día 40

Desayuno: Batido de Chocolate

Batido para Ganar Músculo

Una gran forma de combinar una barra de chocolate amargo con los ingredientes apropiados para obtener un batido que incrementará su desempeño en el gimnasio y la ganancia de músculo.

Preparación:

Mezcle todos los ingredientes juntos en una juguera o batidora a gran velocidad y disfrute de un delicioso batido.

Ingredientes

- 1 barra de chocolate amargo
- 4 huevos
- 3 tazas Leche
- 1 cucharada Polvo de Proteína de Suero

Factores Nutricionales:

- Calorías: 290
- Proteínas: 45g
- Carbohidratos: 37g
- Grasas: 19g

Día 41

Desayuno: Batido Sabor de Todo

Batido Para Ganar Músculo

Esta receta es una excelente fuente de proteínas y fibra que su cuerpo necesita. Está llena de nutrientes y Vitaminas que le darán músculos más grandes y más energía al entrenar.

Preparación:

Mezcle todos los ingredientes juntos en una juguera o batidora a gran velocidad y disfrute de un delicioso batido.

Ingredientes

- Uvas: 4 uvas sin semilla
- Moras, frescas, 0.5 gramos
- Arándanos, frescos, 25
- Frutillas, frescas, 0.5 gramos
- Ananá, fresco, 1 rodaja fina

- Manzana, fresca, 10 gramos
- Yogurt Natural, bajo en grasas, 4 onzas
- Col Rizada, 0.5 gramos
- Brócoli, fresco, 1 tallo
- Naranjas, 0.5 gramos
- 1 cucharada Polvo de Proteína de Suero

Factores Nutricionales:

- Calorías: 280
- Proteínas: 48g
- Carbohidratos: 31g
- Grasas: 4.2g

Día 42

Desayuno: Batido Despiértese Ahora

Batido Para Ganar Músculo

De esta forma es como tendría que empezar el día, la energía será la palabra definitoria para este batido, pero no piense que no es bueno para obtener músculo también, porque estaría equivocado.

Preparación:

Mezcle todos los ingredientes juntos en una juguera o batidora a gran velocidad y disfrute de un delicioso batido.

Ingredientes

- 1 banana fresca mediana
- 2 porciones (60grs) de copos de avena
- 1-2 cucharadas Mantequilla de Maní suave
- 1 taza (250ml) de yogurt natural, bajo en grasas (0% - 1.5% mf)
- 0.5 cucharada (o menos) de canela molida

Factores Nutricionales:

- Calorías: 650
- Proteínas: 28g
- Carbohidratos: 85g
- Grasas: 10g

Día 43

Almuerzo: Batido Mango Tango

Batido Para Ganar Músculo

Este es un gran batido que puede agregar a otros días para beber dos por día ya que es alto en fibra y bajo en grasas. Este batido magro le ayudará a combatir el cansancio del gimnasio y mejorará su desempeño.

Preparación:

Mezcle todos los ingredientes juntos en una juguera o batidora a gran velocidad y disfrute de un delicioso batido.

Ingredientes

- 2 frutillas grandes, frescas o congeladas
- 10 arándanos, frescos o congelados
- 1 taza de jugo de naranja
- 1/2 mango, fresco o congelado
- 1 cucharada polvo de proteína de leche

Factores Nutricionales:

- Calorías:250
- Proteínas: 30.5g
- Carbohidratos: 52g
- Grasas: 8.4g

Día 44

Desayuno: Batido de Ananá y Mandarina

Batido Para Ganar Músculo

Para obtener músculo, no hay secretos: ¡debe entrenar y comer bien! Tendrá problemas si no tiene suficiente energía mientras entrena y es por ello que agregar ingredientes que le darán un impulso cuando sea necesario hará toda la diferencia al intentar generar músculos más fuertes.

Preparación:

Mezcle todos los ingredientes juntos en una juguera o batidora a gran velocidad y disfrute de un delicioso batido.

Ingredientes

- 1/2 taza de Ananá, trozos congelados
- 1/2 taza mandarinas enlatadas
- 2 cucharaditas miel
- 1 cucharada Polvo de Proteína de Suero

Factores Nutricionales:

- Calorías: 150
- Proteínas: 39g
- Carbohidratos: 17g
- Grasas: 11g

Día 45

Desayuno: Batido de Mantequilla de Maní y Manzana

Batido Para Ganar Músculo

Los batidos pueden ser una gran fuente de calorías y energía, las cuales son necesarias para incrementar la masa muscular. Esta deliciosa receta está hecha para ayudarlo a incrementar la ganancia de músculo y mantener un nivel de energía alto.

Preparación:

Mezcle todos los ingredientes juntos en una juguera o batidora a gran velocidad y disfrute de un delicioso batido.

Ingredientes

- 3/4 taza de yogurt natural o de vainilla
- 2 cucharadas Mantequilla de Maní
- 1 Banana
- 1/8 taza Leche
- 3/4 taza de hielo

- 1 Manzana

Factores Nutricionales:

- Calorías: 440
- Proteínas: 22g
- Carbohidratos: 50g
- Grasas: 19g

Día 46

Desayuno: Batido Súper de Banana

Batido Para Ganar Músculo

La leche de vainilla y almendra hará de este un gran batido proteico. Promueve el crecimiento de masa muscular sin desbalancear su dieta. Puede reducir o eliminar la canela para hacerlo de su preferencia específica.

Preparación:

Mezcle todos los ingredientes juntos en una juguera o batidora a gran velocidad y disfrute de un delicioso batido.

Ingredientes

- 1/2 taza de leche de vainilla y almendra
- 1/2 taza de agua
- 1/2 banana
- Pizca de canela
- 1 cucharada of polvo de proteína de vainilla

Factores Nutricionales:

- Calorías: 350
- Proteínas: 43g
- Carbohidratos: 25g
- Grasas: 5g

Día 47

Desayuno: Batido de Polvo de Avena Oscura

Batido Para Ganar Músculo

La combinación de chocolate amargo, queso Cottage y avena incrementará el desarrollo muscular y le dará ese impulso de energía que buscaba para el gimnasio, mientras mejora la digestión y fortalece su corazón.

Preparación:

Mezcle todos los ingredientes juntos en una juguera o batidora a gran velocidad y disfrute de un delicioso batido.

Ingredientes

- 1/2 taza de Queso Cottage (ó 1 taza de yogurt griego)
- 1/2 - 1 taza de agua (dependiendo de la espesura deseada) o leche
- 10g chocolate amargo
- ½ taza avena cruda
- 1/2 banana

- 1 cucharada Polvo de Proteína de Suero

Factores Nutricionales:

- Calorías:150

- Proteínas: 40g

- Carbohidratos: 20g

- Grasas: 8g

Día 48

Desayuno: Batido de Proteínas de Leche

Batido Para Ganar Músculo

Para generar y mantener masa muscular, necesita incrementar carbohidratos y proteínas para tener la energía necesaria para trabajar duro, y los ingredientes para permitir que los músculos se desarrollen plenamente.

Preparación:

Mezcle todos los ingredientes juntos en una juguera o batidora a gran velocidad y disfrute de un delicioso batido.

Ingredientes

- 1 cucharada polvo de proteína de leche
- 1/2 bananas
- 1/2 taza de rodajas de almendra
- 8 onzas Leche
- 3 cubos de hielo

Factores Nutricionales:

- Calorías:335
- Proteínas: 31g
- Carbohidratos: 25g
- Grasas: 18g

Día 49

Desayuno: Batido de Palta

Batido Para Ganar Músculo

Batidos proteicos con vegetales son poco comunes, pero deberían ser más normales por el valor que brindan a su dieta y su cuerpo. La palta es considerada por algunos como una "súper comida" y es genial para su cuerpo.

Preparación:

Mezcle todos los ingredientes juntos en una juguera o batidora a gran velocidad y disfrute de un delicioso batido.

Ingredientes

- 1/2 palta
- 1 cucharada coco rallado
- 1 taza leche de almendra
- 1 cucharada Polvo de Proteína de Suero

Factores Nutricionales:

- Calorías: 300
- Proteínas: 35g
- Carbohidratos: 20g
- Grasas: 8g

Día 50

Desayuno: Batido Muy Baya

Batido Para Ganar Músculo

Una combinación de bayas y proteínas completa para mejorar el crecimiento muscular y la recuperación, todo en un batido. El sabor es magnífico y los resultados son aún mejores cuando necesita entrenar dure y quiere ver resultados.

Preparación:

Mezcle todos los ingredientes juntos en una juguera o batidora a gran velocidad y disfrute de un delicioso batido.

Ingredientes

- ½ taza de frutillas
- ¼ taza bayas mixtas (frambuesas, arándanos y moras)
- ¼ taza de jugo de granada orgánico
- ¼ taza de jugo de uva orgánico
- Un puñado de almendras rebanadas para la cubierta

- 1 cucharada Polvo de Proteína de Suero

Factores Nutricionales:

- Calorías: 200
- Proteínas: 31g
- Carbohidratos: 19g
- Grasas: 1g

OTROS GRANDES TITULOS DE ESTE AUTOR

Entrenamiento Avanzado de Fortaleza Mental para Fisiculturistas

Usando la Visualización Para Empujarse al Limite

Por

Joseph Correa

Nutricionista Deportivo Certificado

Haciéndose Más Fuerte Mentalmente en Fisiculturismo Usando la Meditación

Alcance Su Potencial Controlando Sus Pensamientos Internos

Por

Joseph Correa

Nutricionista Deportivo Certificado

www.ingramcontent.com/pod-product-compliance
Lightning Source LLC
Chambersburg PA
CBHW070136080526
44586CB00015B/1717